Prix de Rome 2003

# Exhibition
# Catalogue

Ryan Gander
Erik Olofsen
Folkert de Jong
Helmut Dick

James Beckett
Katrin Korfmann
Natasja Boezem
Tomoko Take

# Prix de Rome 2003

## Beeldhouwen Sculpture

## Kunst en Publieke Ruimte Art and Public Space

Uitgeverij 010 Publishers, Rotterdam 2003

# Prix de Rome Commentary

In *The Practice of Everyday Life*, Michel De Certeau drew a distinction between 'space' and 'place', according the meaning of 'practice place' – that is shaped by historical subjects who constantly redefine its use – to the first term, and according a configuration of discursive stability – that is under the command of the law of the proper – to the latter term. De Certeau thought of 'space' as a fomenting point of mobility and resistance to the enshrinement of power and locatedness in 'place.' "Space is fundamental to any exercise of power," Foucault famously wrote. Both De Certeau and Foucault identified spatial practice in political terms. After all, what is public space if not political public space and, by extension, what is public art if not, to some degree, political public art – art that is concerned with the expression of new and diverse political and cultural imaginings?

Today, the status of public space is challenged and diminished in a social environment in which property rights have primacy over both individual rights and collective rights. The possibility of social integration which is suggested by the idea of a shared urban space is increasingly negated by systematic displacements of peoples from one another or, somewhat conversely, by the subsuming of people into the spectacular narratives of privatist sign systems that saturate the public sphere. Baudrillard argues that the problem of Debordian narratives has dissipated into an 'ecstasy of communication' crisis; a crisis revealed not only by the loss of public space, but also by the loss of genuine, private space. For example, television continues to be conceptualised as existing almost entirely in the private realm of the home, whereas, in fact, its presence is significant in a wide range of public and semi-public spaces, from building foyers to subway station platforms. Consequently, the amount of space that is produced outside the surveillance and influence of the dominant culture is small and ever decreasing. Art that can lead to a better understanding of public space, that is, art that can produce space which resists this crisis, however provisionally, is becoming increasingly difficult to achieve.

Such thoughts came to mind when I was honoured by an invitation to assist in the jurying of the 2003 Prix de Rome Art and Public Space competition. Issues of identity, especially along the interfaces where languages and cultures meet and often collide, have long occupied my interest as an artist. I have also been concerned with the problem of how to insert a new artistic (utopian) language into the commercial sign system of the street without falling into the trap of a lot of public art which ends up functioning as little more than a private version of public welfare.

I was first of all intrigued by the almost lapidary name of the competition, *Art and Public Space*. This name is inclusive, suggesting a dimension of philosophical interchange between the term 'art' and the term 'public space' that would not exist if the title of the competition had been the more commonly used form of *Art in Public Space*. The use of the term 'and' suggests art as a supplement to public space and not necessarily as an integrative operation to or in public space. The name suggests a competition in which no semantic or aesthetic construct is foreclosed

from consideration a priori. *Art and Public Space* suggests an openness of possibilities in the ways of thinking about both terms, of *art* and of *public space*. Intangible concepts such as truth and reality could be explored without any narrowing prescriptions or orthodoxies of thought concerning public art. The very process of measuring can influence that which is to be measured. In being so named, the Prix de Rome competition declares itself open to critical self-examination regarding its role and performance in terms of its own positioning in any examination of art and public space.

The adjudication process began with a rapid run through of slide images from unnamed artists who were referenced only by a number. There was strict insistence on protecting the anonymity of the applicants and, except for the artist's statement that accompanied each of the respective dossiers, very little background information was offered by the officials of the Prix de Rome. This condition of anonymity, along with the quick viewing of the transparencies, emphasised the importance of an immediate impression. At first, I thought there was something positivistic about this process of viewing slides as so many Rorschach inkblots. There seemed to be an unspoken theory underwriting this procedure that tied the conditions of instantaneity and anonymity to the space of self-evidence and pure response. As is often said, first impressions can be deceptive; more so when slide images stand in for the actual work. The jurors were trusted to pursue their initial visceral responses which could then lead to further and more sustained viewing of a particular work. There was also the logistical problem of addressing the many applications in as fair and efficient a manner as possible. For better or worse, time and practicality must be considered in any such large competition. All the jurors were aware that every jury process has to have rules and that it was up to them to navigate such structures so that the process did not disfavour good applicants whose works required slower viewing and greater attention.

As the adjudicating proceeded, there were a number of repeated disappointments. The slide selections made by certain applicants seemed to be rather a hodge-podge, and in some cases even indifferent to the necessity of providing the jurors with some sense of an intelligent and intelligible artistic narrative. Such lack of understanding of the demands of a juried competition betrayed an artist out of touch with the exigencies of contemporary curatorial operations. It suggested an artist with no sense of the political negotiations that are inscribed, for better or worse, in juried art competitions. There were also applications from artists who had no grounds for entering this competition, their work having no relation whatsoever to the specified category. One artist, for example, submitted a dossier of expressive nude renderings with no substantive artist's statement appended. For this artist, the competition was akin to a stab at the lottery. What seemed important to me was that such examples indicated that no applications had been screened out or disqualified beforehand as inappropriate for the category, something often done in other competitions, such as that of the Canada Council. In the Prix de Rome competitions there is no prejudging of any application by screeners; the panel of jurors considers every application and it is the jurors who are entrusted with making all the evaluations.

There were several very good applications but far fewer than the jury had hoped and a discussion ensued as to why so few good applicants had come forward. Sixty-six had applied and twelve were short-listed for brief discussions about their work before a final four candidates were determined. There were some comments about the amount of time and energy that would be called for once an applicant had passed the first adjudication stage. Short-listed candidates have only a few months to produce a work that will be scrutinized in exhibition, which, in practice, means putting everything else aside for the Prix de Rome. Was the relative shortage of good applications related to the increasing professionalisation of the art world where exhibition opportunities abound in unprecedented ways? Were the Prix de Rome prizes themselves too much trouble for what they are worth, especially when conjoined to what some may consider a narrow window of opportunity to produce work? Is it merely a case of indifference on the part of artists, particularly Dutch artists? Any artist who has spent the previous two years in the Netherlands is eligible to apply to the Prix de Rome and it was noted that a disproportionate number of applicants were non-Dutch artists rather than Dutch artists.

The second stage of the adjudication involved fifteen to twenty-minute discussions with each of the short-listed candidates. These face-to-face meetings with the artists provided an opportunity for the jurors to test their initial assessments in a more fleshed out and nuanced setting. For me, the encounters with the artists furnished the most enjoyable and often poignant moments of the adjudication process and reminded the jurors of the weightiness of their responsibilities. The jury's expectations were generally affirmed during the meetings and, where the expectation was ambiguous, the discussion offered clarity, sometimes negatively and at other times positively.

I very much enjoyed bantering and sometimes sparring with my co-jurors. We were far from a homogenous group of artists and critics; very different people, with divergent practices. The jury was comprised of artists Antony Gormley, Narcisse Tordoir, Alicia Framis and myself, and cultural critic Dirk van Weelden. One of the jurors, Alicia Framis, was herself a former Prix de Rome winner and is now a successful and respected artist. The jury noted that many Prix de Rome winners went on to develop solid careers as artists and that the Prix de Rome has been instrumental in the discovery of some of the best artists working today.

After a couple of days sitting in the dark confines of a windowless room of the Rijksakademie, I began thinking about the Imaginary Museum of Andre Malraux. I thought about the many ways that works of art conjure references to other works of art and how all art is linked by the fundamental impulse to communicate an aesthetic effect or meaning. But I was also deeply aware of an opposing approach raised by the Imaginary Museum, one that sees the jury process as a decentering from such referential linkages. Rightly or wrongly, I felt there was some irony in viewing numerous images of art projects set in the public realm from within the sheltered environment of a darkened room. For me this raised questions regarding the role of photography in articulating aesthetic resolutions to fundamental contradictions in public space. Documentation is always a problem because the judgment of the jurors is contingent on it, and because original experience can never be retrieved in its full complexity.

The relationship of art to the common contents of everyday experiences is an important theme for many artists working today. A significant number of applicants tilled the ground of the quotidian, often through anonymously executed public actions. One artist had repainted public amenities, for example a park bench, in different colours. For this artist the point was to reduce the distance between art and non-art action to the point where they become indistinguishable. "Man must be everyday, or he will not be at all," stated Henri Lefebvre and, while his words may ring true, they also signal, at least to me, a growing consensus among younger artists that art can no longer declare its goals, and that, if it does, it can only do so in whispers. The strength of art lies in a complexity that is often not apparent, but its strength also lies in its insistence on itself as art. What is important is that the elusiveness of art is something that is discerned not in retreat from social interactions with people and public environment, but in active engagement with them.

Amongst the entries in the competition, there was notable use of art based on a pseudo-documentary premise that explores the question of mediated reality through the framework of reality television. Some submissions were concerned with the idea of cyber space as a new kind of public art space. There was very little art as dissent and also few entries involving video installation, which is surprising given its influence in both the private realm and public spaces. Many of the applications expressed good ideas that did not quite coalesce. The most successful works surprised in their treatment of the problem of the diminishment of public space in favour of lived experience and true desire. The best applications were not satisfied to merely blur the lines between art and real life. The work of the final four saw art as an instrument for change; their art provided opportunities for alternative approaches to overwhelming social and individual problems. The finalists – James Beckett, Natasja Boezem, Katrin Korfmann and Tomoke Take – from diverse geographical backgrounds, all surprised in their inventive interactions involving art and public space. All gave thought to the double-edged role that social-political structures can play in furnishing art with sustenance and in censoring many possible actions.

The Prix de Rome stands apart from many art awards competitions, such as the more celebrated Turner Prize or the Hugo Boss Prize. By its steadfast attention to the evaluative problem of predicating qualities to art, the Prix de Rome can seem out of kilter with an art world that is, by and large, given over to entertainment and marketing values. The Prix de Rome does not reject the art world, but neither does it accept the art world uncritically. The aesthetic effect of art is often created by such paradoxical tensions and, in keeping with this particular competition, possibly no more so than when art is considered in the light of public space.

Finally, I should like to thank my co-jurors. I enjoyed our many stimulating discussions and, while we did not always agree, the spirit was always generous. I should also like to thank Mira Kho and Bernie Deekens, who worked tirelessly to facilitate the proceedings. Last but far from least, I should like to thank chairperson Janwillem Schrofer, who steered the proceedings with an astute mixture of wisdom and fairness.

Ken Lum

# Strategisch kiezen

## 1

In 1990 zorgde Rudi Fuchs tijdens de Biënnale van Venetië voor enig rumoer door als voorzitter van de jury de prijs voor schilderkunst toe te kennen aan Giovanni Anselmo, een Italiaanse beeldhouwer, en de prijs voor sculptuur aan Alan Charlton, een schilder. Het was Fuchs' concessie aan het postmoderne denken van die dagen, toen oude structuren overhoop werden gehaald, tradities omgekeerd, en de lineaire tijdsopvatting ontkoppeld. De vaste noemers waarmee men gewend was naar kunst te kijken hadden afgedaan. Het werd zaak de dingen op zichzelf te bekijken, los van de categorieën die de traditie had overgeleverd. En dus werden de stenen van Anselmo, die hoog aan de muur elke vorm van zwaartekracht leken te ontkennen, door Fuchs opgevat als tweedimensionale beelden, terwijl Charltons platte hoekige grijze muurpanelen met losse grijze lijst doorgingen voor ruimtelijk werk.

Fuchs die in die jaren directeur van het Van Abbemuseum was, zal zich bij zijn Venetiaanse omkering van schilderkunst en beeldhouwkunst ongetwijfeld hebben laten inspireren door Marcel Broodthaers' werk Serié de Neuf Plateaux, een bekend werk uit de eigen collectie van het Eindhovense museum. In dit negen delen tekstwerk noemt Broodthaers per paneel een kunstenaar en zegt wat hij doet. Geen van de kunstenaars doet echter dat waar je ze van kent. 'Baudelaire peint', staat er bijvoorbeeld en 'René Magritte ecrit'. Broodthaers typeert de semiotische verwarring die elk kunstwerk in zich draagt. En hij relativeert de noemers waarmee wij gewend zijn over kunst te spreken, zeker waar het de traditionele rolverdeling tussen schilderkunst en beeldhouwkunst betreft. Broodthaers was de kunstenaar van het heterogene beeld. Hij vond dat alle kunstuitingen in dienst stonden van de poëzie. Een typering in termen van schilderkunst of beeldhouwkunst was voor hem niet relevant. Hem ging het louter om het betekeniszwangere beeld, de figuur. Niemand die het met hem oneens zal zijn.

# Strategic choices

## 1

In 1990, as chairman of the jury panel, Rudi Fuchs caused turmoil by awarding the painting prize to Italian sculptor Giovanni Anselmo and the sculpture prize to Alan Charlton, a painter. It was Fuch's concession to the post-modern thinking of the day when old structures were overturned, traditions up-ended and linear perceptions of time disentangled. The fixed denominators that traditionally demarcated viewing art had been discarded. Now it was all about looking at the things themselves, free from the categories that tradition had bequeathed. So the stones of Anselmo, suspended high on the wall in a seemingly gravity-defying gesture, were seen by Fuchs as two-dimensional images while Charlton's flat grey wall panels with separate grey frame were considered spatial work.

In the years when Fuchs was director of the Van Abbe Museum in Eindhoven, the Netherlands, his Venetian transposition of painting and sculpture was most probably inspired by Marcel Broodthaers' work 'Serié de Neuf Plateaus', a famous work from the museum's own collection. In this nine-piece text work, Broodthaers names an artist per panel, with a description of what he does. None of the artists, however, do what they are renowned for. 'Baudelaire peint', states Broodthaers and 'René Magritte ecrit'. Broodthaers typifies the semiotic confusion intrinsic to every artwork. And he puts into perspective the 'names' we are accustomed to using to talk about art, certainly where the traditional distinction between painting and sculpture is concerned. Broodthaers was the artist of the heterogeneous image. He felt that all artistic expressions were ultimately poetic. Classifying art as either painting or sculpture was totally irrelevant to him. He believed purely in the heavily significant image, the figure. No one would disagree. Broodthaers' and Fuchs' provocations have

Peter Vink, locatie s00, Juli 2001
Grijze pvc elektrobuizen
2,10 x 4,05 x 42 m

Grey PVC pipes
2.10 x 4.05 x 42 m

Mijn eindexamenwerk 'locatie S00' had ik gesitueerd in de gang van de kelder van de Gerrit Rietveld Academie. Het aanwezige buizenstelsel aan het plafond was voor mij aanleiding om de gehele vloer te bekleden met 16 kilometer aan elkaar gelijmde grijze pvc elektrabuizen. Mijn doel is om impliciete kwaliteiten van een locatie bloot te leggen en ze vervolgens expliciet te maken.

I situated my graduation piece 'location S00' in the corridor of the basement of the Gerrit Rietveld Academie. The network of pipes on the ceiling inspired me to cover the entire floor with 16 kilometres of glued together grey PVC tubing. My intention was to expose the implicit characteristics of a location and by doing so to make them explicit.

Broodthaers' en Fuchs' provocaties zijn in de loop der tijd gemeengoed geworden. In 2003 is er nauwelijks meer een kunstenaar die identiteit aan een discipline ontleent. Kunstenaars zijn beeldenmakers geworden, allrounders die zich doorgaans niet tot een genre, een medium of techniek beperken. Misschien geldt het wat minder voor de kunstenaars van het tweedimensionele beeld, zoals schilders, tekenaars en fotografen, die monomaan van aard neigen te zijn, maar het geldt zeker voor de zogenaamde beeldhouwers. Beeldhouwers die identiteit ontlenen aan het feit dat hun werk onderdeel van een beeldhouwkunstige traditie vormt, zijn een langzaam uitstervend soort. Gedurende de zomer zie je ze nog wel eens tevoorschijn komen uit hun ateliers en deelnemen aan tentoonstellingen van buitensculptuur, met sculpturale bronzen en ruimtelijk werk dat vele generaties verwijderd lijkt van de jongste kunst. Maar gedurende de rest van het culturele seizoen is er geen kunstenaar of tentoonstellingsmaker die het waagt zich onder de noemer van sculptuur te presenteren. Je kunt dan ook stellen dat beeldhouwen in het discours rondom kunst een non-issue is.

Uiteraard wordt er nog wel sculptuur gemaakt, of liever, driedimensionaal ruimtelijk werk, dat zich op de een of andere wijze tot het in de kunst overgeleverde idee van sculptuur verhoudt. Maar de werkelijke betekenis van hedendaags ruimtelijk werk ligt doorgaans elders, bij andere thema's, andere onderwerpen, andere geschiedenissen. De Prix de Rome Beeldhouwen 2003 vormt daarop geen uitzondering. Het ruimtelijk werk dat hier in competitie bijeen is gebracht, laat de sculpturale traditie waarvan ze volgens kunsthistorische principes de voortzetting is, vrijwel zonder uitzondering links liggen. Het is zoeken naar aanknopingspunten met traditionele beeldhouwkunst en als die zijn gevonden bieden die zelden een verdiepend perspectief op het

become mainstream over the years. In 2003 few artists work specifically in one discipline. Artists have become image-makers, all-rounders not bound by genre, medium or technique. This may be less true of artists working in the two-dimensional realm (painters, draughtsmen, photographers) who tend by nature to be monomaniacal, but it certainly applies to so-called sculptors. Sculptors whose identity is rooted in the fact that their work is embedded in a sculptural tradition are gradually becoming a dying breed. In the summer you sometimes see sculptors emerge from their studios to take part in exhibitions of outdoor sculpture with sculptural bronzes and three-dimensional work that seem many generations removed from the majority of most recent art. But during the rest of the cultural season, no artist or exhibition maker would dare to present him or herself in the category of sculpture. So you could say that, in the discourse surrounding art, sculpture is a non-issue.

Naturally, sculpture is created or, better said – three-dimensional work is produced – that relates in some way or other to art's notion of sculpture. But the actual meaning of contemporary spatial work can generally be found elsewhere in other themes, other issues, other histories. The 2003 Prix de Rome Sculpture is no exception. The three-dimensional work brought together in this competition almost entirely abandons the sculptural tradition of which, according to art historical principles, it is a continuation. It is a quest for the linkages with traditional sculpture which, if these are found, seldom offer a more incisive perspective on the work. The role played by visual culture in the work submitted plays a more

Tobias Schalken, His unexpected return, 2002
Polychroom acryl, haar en attributen
88 x 75 x 110 cm

Polychrome acrylic, hair and attributes
88 x 75 x 110 cm

Mijn interesse ligt voornamelijk in het onherbergzame niemandsland tussen de fysieke en mentale realiteit. En de discrepantie daartussen. De manier waarop je jezelf ziet, en de manier waarop anderen jou (ogenschijnlijk) zien. De manier waarop mensen hun psyche gebruiken om aan de fysieke realiteit te ontsnappen. De manier waarop inter-actie met anderen of het gebrek daaraan je (mis-)vormt. De systemen die mensen ontwikkelen om om te gaan met de grote abstracties (doel/dood). En dat je in een streven die systemen te doorgronden er toch op geen enkel manier van kan loskomen.

I'm mainly interested in the barren no-man's land between physical and mental reality and the discrepancies between them. How you see yourself and how others (probably) see you. How people use their minds to escape physical reality. How interaction with others or lack of it can (de) form you. The systems people develop for dealing with life's great abstractions (purpose/death). And how, in creating systems to understand them, they are inescapable.

werk. Veel prominenter is de rol die de beeldcultuur in het aangebodene speelt. Film, media, televisie zijn de onderwerpen waartoe het werk zich verhoudt en waar het uitspraken over doet. De mediacultuur levert de context waar het werk zich thuis voelt en niet zozeer de kunstgeschiedenis.

110 aanmeldingen telde de competitie van de Prix de Rome Beeldhouwen. 110 kunstenaars die meenden dat hun werk zich op de een of andere wijze tot sculptuur verhoudt. Er waren veel installaties, video's, fotografie, performanceachtig werk, geluidswerk en incidenteel een gemodelleerde figuur, als uitzondering op de regel. Je kunt het sculptuur noemen, maar voor de toeschouwer had de Prix de Rome Beeldhouwen net zo goed kunnen doorgaan voor een andere categorie van de Prix de Rome, waaraan enkele deelnemers ook al eens hadden deelgenomen. Vanwege deze gebrekkige categorievastheid onder deelnemers mag verondersteld worden dat de meeste deelnemers de categorie Beeldhouwen niet werkelijk als een factor van belang zien, net zo min als dat ze zichzelf beeldhouwers of ruimtelijk kunstenaar zullen noemen. De categorie Beeldhouwen bood hun niets anders dan een excuus tot deelname aan de meest prestigieuze kunstprijs die Nederland kent.

Blijft de vraag hoe de Prix de Rome Beeldhouwen te duiden? Waar doet de prijs een uitspraak over als de meeste deelnemers de categorie beeldhouwen meer als een bijkomstigheid dan als hun leidmotief zien? Voor de organisatie is het duidelijk. De Prix de Rome biedt een beeld van hoe er momenteel in Nederland over beeldhouwkunst wordt gedacht. Tezamen met de vorige edities toont de prijs de ontwikkeling van een beeldhouwkunstige traditie, haar continuïteiten en afwijkingen. Echter, omdat het aanbod in wezen weinig uit te staan heeft met die traditie, gaat de prijs verder dan dat. In feite wordt hier werk verzameld dat zich op de een of andere manier tot de ruimte verstaat, letterlijk dan wel figuurlijk. En aangezien elk kunstwerk dat doet, biedt deze editie van de Prix de Rome, meer dan enige andere binnen de Prix de Rome agenda, een breed zicht op de ontwikkeling van de hedendaagse kunst. Beeldhouwen manifesteert

prominent role. Film, media, television are the topics to which the work relates and engages with. The media culture, rather than art history, provides the context in which the work is most at home.

110 artists submitted work for the Prix de Rome Sculpture. 110 artists who felt that, in some way, their work related to sculpture. There were numerous installations, videos, photography, performance-related work, sound work and here and there a nude study as exception to the rule. You could call it sculpture, but for the viewer, the Prix de Rome Sculpture could just as well have been another category of the Prix de Rome in which some of the applicants had already competed. This lack of category-fixedness among the candidates could be interpreted as an indication that the majority of artists don't consider the category of Sculpture of any real importance. Nor do they consider themselves sculptors. The category Sculpture merely gave them an excuse to take part in the most prestigious art prize in Holland.

Which leaves the question of how to clarify the Prix de Rome Sculpture category? What is the prize really judging if most participants in the category see sculpture more as an incidental circumstance than the main thread of their practice? For the organisation, it's clear. The Prix de Rome provides a picture of current attitudes towards sculpture in the Netherlands. Together with earlier Prix rounds, the prize demonstrates the development of a sculptural tradition, its continuities and tangents. However, because the work submitted essentially has little ties with tradition, the prize goes further. In fact, here work is gathered that, in one way of another, relates to space either literally of metaphorically. And given that every artwork shares this relation, this edition of the Prix de Rome, more than any other within the Prix de Rome agenda, provides a broad view of developments in contemporary art. Sculpture manifests itself as the most open category of the Prix and, as such, perhaps comes closest to a general discipline in

Helmut Smits, HOLLAND, 2002
Diverse materialen

Mixed material

Op een dijk in Nederland, het woord HOLLAND (dezelfde wijze als op Hollywoodhill).

The word HOLLAND is spelled out on a dike in the Netherlands, Hollywood-hill style.

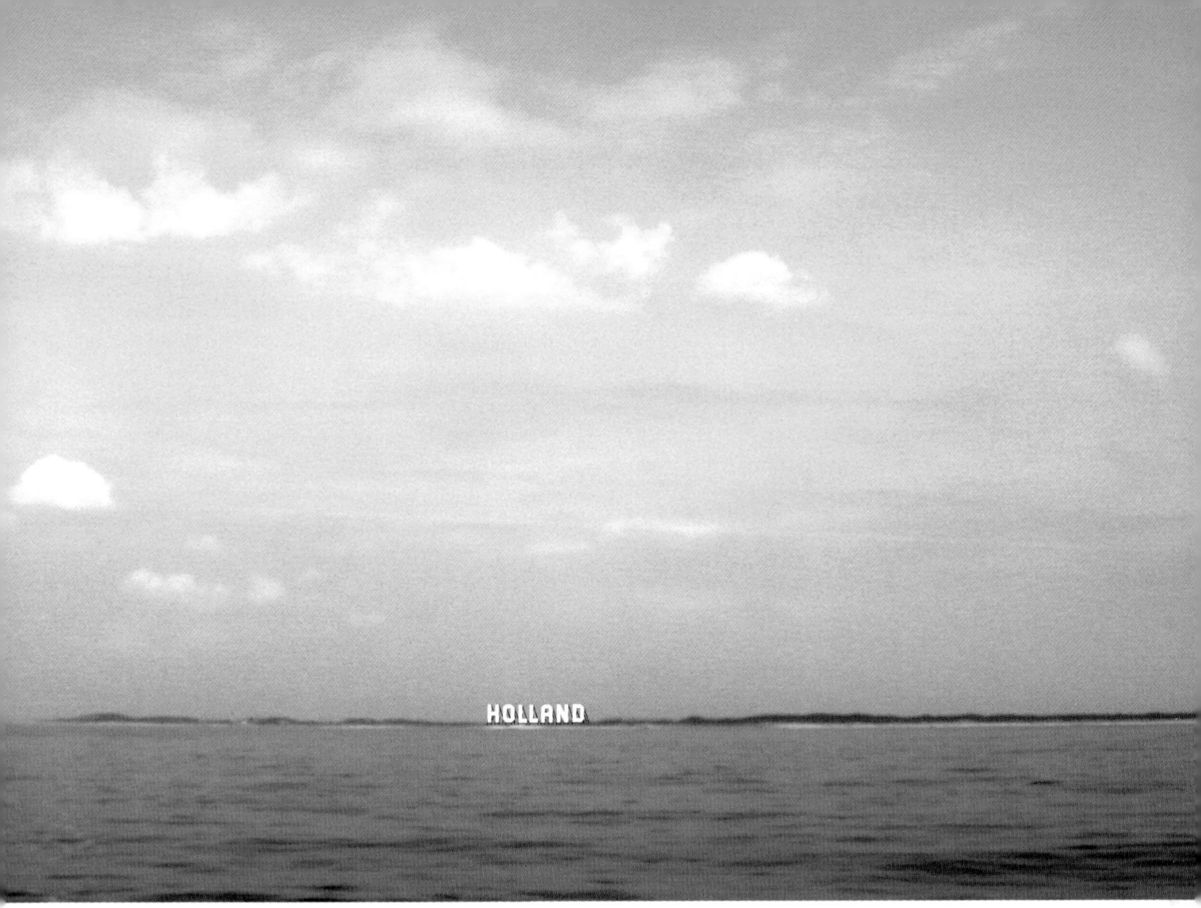
HOLLAND

zich als de meest open categorie die de Prix kent en komt als zodanig misschien wel het meest in de buurt van een algemene bestandopname van waar jonge, in Nederland gevestigde kunstenaars zich op dit moment mee bezig houden. In die zin mag de Prix de Rome Beeldhouwen 2003 met recht de bijnaam Prix de Rome d'Hors Categorie voeren. Het is de inofficiële Prix de Rome Alle Disciplines.

### 2

Een prijs gaat over prestige. Het is een ingewikkeld conglomeraat van belangen en representaties die behendig beheerd moeten worden. In geval van de Prix de Rome ligt het beheer al sinds het ontstaan van de prijs in 1870 in handen van de Rijksakademie, die de prijs sinds de hervorming ervan in 1985 heeft uitgebouwd tot de belangrijkste prijs voor jonge kunstenaars in Nederland. Met de Prix in handen is je kostje gekocht, zo heet het. Het prestige is enorm. Neem de eindselectie van de vorige ronde beeldhouwen uit 1998: Erzsébet Baerveldt, Una Henry, Theo van Meerendonk en Femke Schaap. Het zijn stuk voor stuk namen die niet meer uit het tentoonstellingscircuit zijn weggeweest. Niet in het minst ontleent de Prix prestige aan de eigen geschiedenis die terugvoert tot de negentiende eeuw. De prijs vertegenwoordigt geschiedenis. Ze heeft een indrukwekkende palmares, waar ze met recht trots op kan zijn: mooie winnaars die gekozen zijn door interessante jury's. De organisatie onderkent het belang van de eigen geschiedenis en besteedt in elke catalogus veel aandacht aan de nodige zelfreflectie – zoals ook dit verhaal dat dient als uitgebreid juryrapport. Prijzen leven bij public relations en de Prix biedt daarop geen uitzondering. In feite zorgt

which young Dutch-based artists are operating right now. In this sense, the 2003 Prix de Rome Sculpture can justly call itself the Prix de Rome d'Hors Category. It is the unofficial All Disciplines Prix de Rome.

### 2

A prize is about prestige. It is a complex conglomerate of interests and representations that requires dexterous management. In the case of the Prix de Rome, its management has been in the hands of the Rijksakademie since the prize's inception in 1870. After its revision in 1985, the Rijksakademie developed the prize into the most illustrious award for young artists in the Netherlands. Winning the Prix opens up doors, so they say. The status it conveys is enormous. Take the finalists of the last sculpture round in 1998: Erzsébet Baerveldt, Una Henry, Theo van Meerendonk and Femke Schaap. All names that have not been away from the exhibition circuit since. The Prix is illustrious in its own right, laying claim to a history that stretches back to the nineteenth century. The prize represents history. It has an impressive role of honour of which it can be justly proud: fine winners selected by interesting juries. The organisation underlines the importance of its own history and in each catalogue gives considerable attention to the required self-reflection – such as this article that serves as a detailed jury report. Prizes partly depend on public relations and the Prix is no exception. In fact, the prize creates an optimal win-win situation for all involved with its fine-tuned promotional

Eylem Aladogan, Pharmagenic Decline, You Won't Suffer Any Harm (een detail uit), 2002
Tegels, hout, aluminium, polyester, keramiek
1300 x 600 x 400 cm

Tile, wood, aluminium, polyester, ceramics
1300 x 600 x 400 cm

'Pharmagenic Decline, You Won't Suffer Any Harm' was eerder te zien in Museum Het Domein in Sittard (maart 2002). De eerste Nederlandse solo-tentoonstelling bestond uit twee onderdelen: een grote installatie met keramieken en een serie tekeningen. Een impressie op de uitnodiging: 'In haar werk onderneemt Aladogan een odyssee langs wetenschap, filosofie en natuur; een fascinatie voor de grenzen van deze velden in het algemeen en de relatie tot de mensheid in het bijzonder. Haar werk concentreert zich niet zo zeer op deze gebieden als wel op het gebied van de kunst, waar een mogelijke uitkomst er groot en dreigend boven hangt.'

'Pharmagenic Decline, You Won't Suffer Any Harm' was shown in Museum Het Domein in Sittard (March 2002). This first solo-exhibition in the Netherlands comprised two elements: a large installation including ceramic sculptures, and a series of drawings. An impression written at the invitation: 'In her work Aladogan embarks on an Odyssey that leads her along science, philosophy and nature, a fascination for the boundaries of these fields in a general sense and, more specifically, in relation to humankind. Rather than the level of these fields proper, her work concerns the level of the arts, where a possible outcome looms large and ominous.'

de prijs met haar volmaakte promotionele betekenis voor een optimale win-win situatie voor alle betrokkenen. Het prestige van de prijs straalt af op iedereen die zich ermee verbonden weet. Behalve uiteraard de afgevallen kandidaten. Zij worden anoniem en in stilte afgevoerd. Verliezers zijn altijd slechts een getal en dat is meestal maar goed ook. In de voorliggende competitie waren het er 106. Met dank voor de moeite.

Aan het eind, als de selectie eenmaal gemaakt is, wordt de kunstenaar vertegenwoordiger van de prijs. Zijn naam, zijn carrière, de groei van zijn roem geeft de prijs voor jonge kunst als het ware achteraf gelijk. Dat succes straalt ook weer terug op de prijs, die er haar gelijk mee haalt. Maar eerst, voor de prijs de winnaar gaat helpen en de winnaar de prijs, zal de kunstenaar zichzelf moeten representeren. Kunstenaars zijn zich hier uiteraard bewust van, maar des te meer verbazing wekt het te zien hoe zij dat denken te kunnen doen. De voorrondes van de Prix de Rome Beeldhouwen 2003 waren een regelrechte ramp in termen van representatie. De meeste kunstenaars hadden ogen-schijnlijk zonder enig idee een serietje dia's ingeleverd, zich kennelijk niet realiserend dat de meeste internatio-nale juryleden dat werk nooit in het echt hebben gezien en het dus met die paar dia's moeten doen. Representatie mag bij ruimtelijk werk weliswaar lastig zijn, maar iets meer reflectie daarop, was welkom geweest. Het merendeel van de aspirant-Prix-winnaars heeft kennelijk niet beseft dat in een voorronde, bij een prijs als deze, een jury twee dagen in een verduisterde zaal zit om vele honderden dia's en andere geprojec-teerde beelden te bekijken, toelichtingen te lezen, geluidsbanden te beluisteren. Dat legt enige beperkingen op aan de overdracht. De boodschap moet helder zijn, eenvoudig en inzichtelijk. Hoe minder informatie, hoe beter geldt in dit geval. Deze beoordelingspraktijk legt ook beperkingen op aan het soort kunst dat de eindronde haalt. De basis van het beoordelingsproces is visueel. Conceptueel ingestelde kunstenaars hebben een fors nadeel, omdat hun presentatie uit de aard van het werk niet erg visueel is. Dat is een probleem, zeker in de huidige tijden waarin veel kunst juist een nadrukkelijk conceptueel karakter heeft. Maar ook

significance. The kudos of the prize reflects glory on all involved. Except of course for the candidates that didn't make it who are anonymously and silently ruled out. Losers are always only a number which is often all for the best. In the previous competition there were 106. We thank them for applying.

At the end, once the selection has been made, the artist becomes the representative of the prize. His or her name, career, and growing reputation credit the Prix for its choice in hindsight as it were. Success reflects back onto the prize which justifies its decisions. But, first and foremost, before the prize helps the winner and the winner the prize, the artist will need to document him or herself. Artists are of course very well aware of this, but it is sometimes astonishing to see how they intend to go about it. The preliminaries of the 2003 Prix de Rome Sculpture were a disaster in terms of representation. Most of the artists had submitted a series of slides with no clear idea, obviously without realising that the majority of (international) panel members had never actually seen the work in the flesh and had to base their decision on a couple of slides. Documentation of three-dimensional work can be tricky, as we know, but a little more thought would have been welcome. The majority of the Prix aspirants clear-ly hadn't realised that in a preliminary round for a prize such as this, a jury spends two days in a dark room going through hundreds of slides and other projected images, listening to explanations and sound tapes. Which does limit the impact somewhat. The message must be clear, simple and accessible. The less information the better in this case. This evaluation practice also limits the type of art that will make it through to the final. The basis of the evaluation process is visual. Conceptual artists are at a distinct disadvantage because the presentation of their work is by defi-nition not particularly visual. This is a problem, certainly at the present time when much art has a decidedly conceptual character. But for conceptu-

James Beckett, Soap, 2002
Soap, bracket, cable, aerial
11 x 42 cm

No function

Soap, bracket, cable, aerial
11 x 42 cm

No function

Fotografie: Ilya Rabinovich

voor conceptuele kunstenaars zou presentatie in tijden van volautomatische powerpoint geen onmogelijkheid hoeven te zijn.

Echter wel bij de deelnemers van de Prix de Rome Beeldhouwen 2003. Onheldere beelden, gebrekkige ruimtelijke representatie, knullige toelichtingen. Het gebrek aan overtuigingskracht was schrijnend. Met een gedachteloze representatie van je werk verdien je geen prijs en zeker geen Prix de Rome. En dus hebben veel in Nederland bekende kunstenaars die op grond van hun werk, wanneer ter plekke in het echt gepresenteerd, uitverkoren zouden zijn, de eindselectie door eigen schuld niet gehaald.

## 3

Het mag een open deur zijn, maar voor de uitslag van een prijsvraag is de samenstelling van de jury cruciaal. Een ander jurylid erbij leidt doorgaans tot een andere winnaar. Er rust dus beslissende verantwoordelijkheid bij de organisatie die de jury samenstelt, in dit geval de Rijksakademie. Dit jaar bestond de jury beeldhouwen uit een oud-museumdirecteur en vier vermaarde kunstenaars, elk met een eigen visie op ruimtelijk werk. Het was een echte vakjury, vol specialisten die gelouterd zijn in de praktijk. Er zat een min of meer klassiek beeldhouwer bij, Stephan Balkenhol. Er waren twee meer inhoudelijk georiënteerde internationale kunstenaars die voornamelijk installaties maken, Mona Hatoum en Mike Nelson. Er was een gerespecteerde Nederlandse kunstenaar die zich op heel veel gebieden, in heel veel media en performance heeft bewezen, en daarmee aan tafel de grootste allrounder was: Moniek Toebosch. De museumdirecteur ten slotte was Frans Haks, oud-directeur van het Groninger Museum en tegenwoordig freelance curator en publicist en als zodanig betrokken bij de voorbereiding van een grote tentoonstelling, die zijn blikveld danig bleek te sturen. Met elkaar bood de jury een brede waaier van opvattingen, die de uitkomst vooraf onzeker maakte. Helaas was het door absentie van telkens wisselende leden een gemankeerde jury. Door omstandigheden ontbrak Mona Hatoum in de eerste ronde, Stephan Balkenhol in de tweede en Frans Haks in de finale.

al artists, presentations in times of fully-automated Power Point applications shouldn't prove too great a burden.

However, it was clearly a problem for the participants in the 2003 Prix de Rome Sculpture. Unclear images, lack of spatial documentation, clumsy clarifications. The lack of conviction was overwhelming. A thoughtless presentation of work doesn't merit any prizes, least of all the Prix de Rome. So it was that many visual artists in the Netherlands, whose work presented in real life would have been chosen on the grounds of its merits, failed to get through to the finals because of their own fault.

## 3

It may be stating the obvious, but the composition of the jury is vital to the results of a prize. Add another jury member and you have another winner. So the organisation that selects the panel – in this case the Rijksakademie – has a weighty responsibility. This year the sculpture jury comprised a former museum director and four prominent artists, each with their own vision of three-dimensional work. It was a dyed-in-the-wool panel of experts, professionals much praised in practice. Stephan Balkenhol, a more or less traditional sculptor, was a juror. In the company of two more content-based international artists that generally make installations, Mona Hatoum and Mike Nelson. There was a respected Dutch artist who has earned her spurs in many disciplines and in diverse media and performance, who was the greatest all-rounder in the panel: Moniek Toebosch. The museum director was Frans Haks, former head of the Groninger Museum and currently freelance curator and publicist, in which capacity he is currently preparing a large exhibition that most definitely seemed to guide his eye. As a team, the jury offered a gamut of opinions with which it was difficult to predict the outcome. Unfortunately, the absence of constantly changing members meant that the jury was a little inconsistent. Mona Hatoum was

**Arjen Boerstra** maakt installaties en omgevingen. Hij maakt gebruik van videocamera's in verschillende posities, bijvoorbeeld in de lucht onder ballonnen en vliegers, of onder water. Nieuwsgierigheid en de durf om dingen te registreren zijn de thema's, waarbij verschillende standpunten tot onverwachte resultaten leiden.

**Arjen Boerstra** creates installations and environments. He uses videocameras in different positions, for example up in the air with balloons and kites, but also under water. Curiosity and the adventure of registrating things becomes a theme, in which a different point of view leads to unexpected results.

www.arjenboerstra.nl

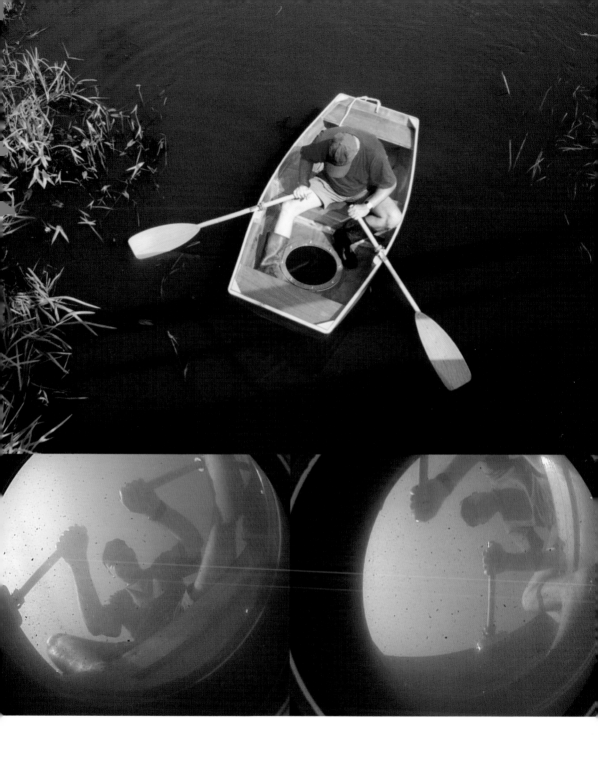

De kans dat de eindselectie van vier kandidaten bij volledige aanwezigheid van de jury anders was uitgevallen is zeer waarschijnlijk, hoewel geen vanzelf-sprekendheid. Er wordt gekozen met meerderheid van stemmen, strikt individuele voorkeuren halen het door-gaans niet. In de praktijk komt het erop neer dat elk van de vier eindrondekandidaten steun geniet van minstens drie leden van de jury. Toch is de kans zeer groot dat de definitieve uitslag anders was uitgevallen als de jury steeds compleet was geweest. Wellicht dient dit als troost voor de verliezers.

Tijdens de vergaderingen vroeg de voorzitter Janwillem Schrofer de juryleden diverse keren om criteria, waarmee het voorgelegde beoordeeld kon worden en de persoonlijke opinie zou worden overstegen. In 1992 (winnaar Karin Arink) liet de jury optekenen dat men het belangrijk vond dat er een zekere noodzakelijke keuze voor beeldhouwen uit het werk zou spreken: 'niet dat men het ook kan tekenen'. Materiaalkeuze en -gebruik zouden streng worden beoordeeld, alsmede hoe er met de ruimte werd omgegaan, en hoe de kunstenaar zijn houding en ideeën omtrent al deze factoren in beeld wist te vertalen. De tijden zijn veranderd. Deze criteria uit 1992 zijn voor de kunst van nu volstrekt onhaalbaar en wellicht daarom ging de jury ook bij herhaling niet op Schrofers aandringen in. Weliswaar werden er na het aanschouwen van het aanbod enige categorieën gedestilleerd, zoals het fenomeen van de talrijke Thomas Hirschhorn-achtige bouwsels, de biomorfe trend met raakvlakken aan horror, het talrijke wapentuig, de eigenaardige verzamelingen en enorme hoeveelheid formeel werk zonder enige politieke kleuring, maar

prevented from attending the first round, Stephan Balkenhol was unable to be present during the second and Frans Haks didn't sit in on the finals. The chance that the final selection of four candidates would have been very different if the jurors had been fully present is entirely possible but not a certainty. The selections had the backing of the majority and strictly individual choices tended to be ruled out. In practice, each of the four finalists had the support of at least three jury members. However, there's still a significant chance that the final decision would have been different had the jury been complete. Perhaps this is some comfort for the losers.

During the meetings, several times, chairman Janwillem Schrofer asked the jurors for supra-personal criteria to be applied during work assessments. In 1992 (winner Karin Arink) the jury made sure that candidates should be working in the field out of necessity, creating pieces they couldn't have produced otherwise (as drawings, for example). Choice and use of materials were to be strictly evaluated together with use of space and how the artist translated his/her approach and ideas about all these factors. Times have changed. This 1992 rule of thumb for art has become totally outmoded and probably the reason why the panel didn't succumb to Schrofer's repeated insistence for criteria. After seeing all the submissions, a number of categories were certainly devised – there were numerous Thomas Hirschhorn-style constructions, for instance, not to mention the biomorphous trend that shares an affinity with the

Isaac Carlos, The altar, 2002 (detail)
Metaal, plexiglas, water, twee vissen, pigmenten en vier infuuszakken
130 x 210 x 130 cm

Metal, Plexiglas, water, two fish, pigments and four infusionsbags
130 x 210 x 130 cm

Dit werk is ontworpen voor een perfor-mance waarbij zowel de theatrale aspecten als de beeldhouwkundige kenmerken van de objecten belangrijk zijn. Het werk bestaat uit vijf objecten, waarvan ik twee kostuums beschrijf als 'dynamische' sculpturen. Dynamisch in de zin van een organische massa (lichaam) en vanwege hun functionali-teit.
De witte jurk is een verhoogde 'stoel' – als verlengstuk van het lichaam – waarop een klavecimbelspeler zit. Verbonden met dit object is een klavecimbel die op drie kabels rust en als een boot op zee deint met de kracht waarop de speler de toetsen beroert.

This was a work conceived for a performance, in which the theatrical aspects as well the sculptural characteristics of the objects were very important. In this work are present five objects, two of which are costumes that I define as being 'dynamic' sculptures. Dynamic in the sense of containing organic mass(body) and because of their functionality.
The white dress is an elevated chair – also functioning as the extended body – where the harpsichord player sits. Related to this object stands the harpsichord suspended on three still cables floating as a boat in the sea according to the force discharged on the keys by the player.

Fotografie: Ilya Rabinovich

aan een meer abstracte omlijning van beoordelings-criteria waagde men zich niet. Niet dat die er geheel niet waren. De criteria van de diverse juryleden waren over het algemeen vrij snel helder en ook zeer uitge-sproken, maar per saldo uiterst subjectief. Er is, zou je in meer algemene zin kunnen zeggen, door de jury geoordeeld op grond van persoonlijke fascinatie. Men heeft zich graag laten verrassen en een verre-gaande theoretische positionering van het oordeel ongepast geacht.

Een analyse van de beraadslagingen is daarom vooral een inventarisatie van persoonlijke standpun-ten. En die lagen hier en daar fors uiteen. Frans Haks vertelde hoe hij vroeger negatief oordeelde over kunst die er als kunst uitzag, terwijl hij nu juist de overtuiging heeft dat originaliteit niet meer bestaat. Kunst moet er bij wijze van spreken juist als kunst uitzien. Haks oor-deelde met de ogen van de curator die bezig is met NEO, een grote tentoonstelling over het citaat in de kunst, die hij voor najaar 2003 aan het voorbereiden is voor Centraal Museum Utrecht. Hij week met zijn voorkeuren het sterkst af van de rest, hoewel iedereen favorieten had die niet door de overige juryleden werden gedeeld. Stephan Balkenhol omarmde elke min of meer traditioneel werkende beeldhouwer, maar toonde zich tevens een scherp criticus ten aanzien van werk dat ver van zijn eigen praktijk afstond. Hij oordeelde met een bijna Hollandse nuchterheid en zocht met een scherp oog naar de blijvende waardes van kunst, los van de waan van de dag. Mike Nelson was met voorsprong de meest reflectieve beschouwer, in de zin dat hij het te beoordelen werk sterk toetste aan de kunsthistorische betekenis ervan. Pertinentie en historisch besef waren voor hem belangrijke criteria om werk mee te beoordelen. Voor hem gaat het erom

horror genre, the wide variety of weaponry, the curious collections and the huge quantity of formal work devoid of political engagement; but there were no attempts to lay down more abstract evaluation criteria. Not that they were none at all. The criteria of the various panel members generally emerged in quick tempo, with great clarity and variety although, at the end of they day, highly subjective. In a more general sense you could say that the jury evaluated the work on the basis of personal fascination. People let the work surprise them and felt that a far-reaching theoretical positioning of the decision was inappropriate.

For this reason, an analysis of the deliberations is more an inventory of personal standpoints. Which were extremely divergent at times. Frans Haks told of his earlier negative response to art that looked like art, while he is now convinced that there's no longer any such thing as originality. Art should look like art. Haks assessed the submissions from his perspective as curator of the NEO, a huge exhibition about the adoption and transformation of styles by artists, designers and architects that will be presented at the Centraal Museum Utrecht in autumn 2003. His preferences were very different to those of the other jurors, although everyone had favourites that weren't liked by all. Stephan Balkenhol welcomed any sculptor working more or less traditionally, but also had a sharp critical eye for work very different from his own practice. He judged with an almost Dutch sobriety and with a keen eye sought out art's constant values rather than the norms of the day. Mike Nelson was by far the most contemplative juror in the sense that he tested the submissions

William Cobbing, 'PARTING'#1, 2002
C-type foto
140 x 100 cm

C-type photograph
140 x 100 cm

De aard van de uitwisseling is onzeker; de vrouw lijkt zowel ontspannen als zorgvuldig geposeerd. Het is een ambigu en beladen beeld, licht erotisch en sinister – en het lijkt een beetje op een madonna met kind. De arm van de vrouw is van alles tegelijk: een lyrisch formele beweging, een sci-fi mutatie en een spookverhaal. Het beeld heeft een bepaalde koelte in zich die alle elementen – de architectuur, de prothese, het model en haar kostuum – een gelijk gewicht geeft. Deze koelte doet denken aan de profetisch-erotische roman Crash van J.G. Ballard.

The nature of the exchange is uncertain; the woman seems both at rest and carefully posed. It is an ambiguous but loaded image, slightly erotic and sinister-and just a little bit Madonna and Child. The woman's limb is many things: a lyrical formal gesture, a sci-fi mutation and a ghost story. The image is presented with a coolness that lends all the elements – the architecture, the prosthetic, the model and her costume – with equal weight. It is this coolness which echoes Ballard's seminal novel Crash.

Alex Mar – FRIEZE magazine issue 71
nov/dec 2002

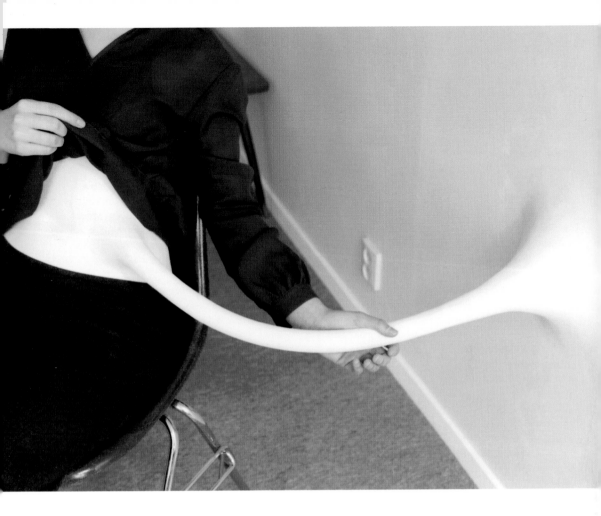

hoe kunst zich positioneert in het enorme veld van mogelijkheden, daar relaties mee aangaat, erop reageert en een en ander becommentarieert. Met verbazing nam hij kennis van het gebrek aan strategisch vernuft bij de meeste deelnemers, om vervolgens te concluderen dat het overgrote deel van de deelnemers was blijven hangen in een naïef soort jaren zestig epigonisme (pop-art, Kienholz), zonder dat ideeën op rigoureuze manier waren verder ontwikkeld dan wel uitgewerkt. In de tweede ronde vond Nelson een gelijkgestemde in Mona Hatoum, die in de eerste ronde ontbrak. Met Nelson verdedigde Hatoum in de jury de opinie dat kunst meer met strategie dan met expressie te maken heeft en dat dus elke uiting afgerekend wordt op zeggingskracht in discursieve zin: hoe verhoudt het werk zich tot de kunst en de geschiedenis in artistiek en sociaal-maatschappelijk opzicht, liefst in kritische zin. Moniek Toebosch hechtte in vergelijking met Nelson en Hatoum meer aan een autonoom oordeel. Zij toonde zich minder geïnteresseerd in contextuele factoren en liet zich graag verrassen door sterk, eigenzinnig werk, met een sterk beeldende kracht. Van de diverse juryleden stond zij misschien nog wel het dichtst bij de mentaliteit die het overgrote deel van de kunstenaars uitdroeg. Wat niet wegneemt dat ook zij, net als alle andere leden van de jury, erg teleurgesteld was na afloop van de eerste ronde, toen de selectie van 110 was gereduceerd tot een vijftiental kandidaten. Pas in de tweede ronde, bij een nadere kennismaking met het werk groeide er enig enthousiasme voor de geselecteerde kandidaten.

for their art historical meaning. Pertinence and historical awareness were his key criteria. For him, it's about how art positions itself in the enormous field of opportunities, how it contrives to relate to them, responds to them and comments upon them. With astonishment he noted the lack of strategic ingenuity of many participants and concluded that the majority of candidates were stuck in a naive sort of sixties epigonism (Pop Art, Kienholz) without any further development of either the ideas or their visual rendering. In round two, Nelson found an ally in Mona Hatoum who had missed the first round. With Nelson, Hatoum defended the view that art related more to strategy than expression, and that consequently every manifestation is evaluated for its eloquence in a discursive sense: how does the work connect to art and history in an artistic and social context, preferably in a critical sense. In comparison with Nelson and Hatoum, Moniek Toebosch emphasised an autonomous judgement. She was less interested in contextual factors and more open to fresh, powerful, self-willed work with a strong visual element. Perhaps out of all the jurors she was closest to the mentality of the majority of the artists. Which doesn't alter the fact that she, like all the other members of the panel, was very disappointed after the first round when the selection of 110 had been slashed to 15 candidates. Only in the second round, with an opportunity to re-examine the work was her enthusiasm for the nominees fired to any extent.

Rem Posthuma, Folly, 2002
Klei
375 x 105 x 300 cm

Clay
375 x 105 x 300 cm

Het werk voltrekt zich in reeksen. Reeksen van elementen die, direct herkenbaar of als afgeleide, uit de dagelijkse werkelijkheid afkomstig zijn. Vermenigvuldigd en bewerkt leiden ze het leven van mijn beelden. In de hun opgelegde ordening zijn deze beelden een weerslag van mijn blik op het bestaan, ieder op eigen wijze. Het hier getoonde werk 'Folly' is een sculptuur van klei. Ten grondslag aan dit werk ligt een systeem van honderden elementen, waaruit verschillende Follies gevormd kunnen worden. Hier ziet men een zielloze structuur, de ribben van een teloorgegaan bouwwerk.

Gemaakt in het Europees Keramisch Werkcentrum, 's-Hertogenbosch

The work is completed in series. Series of elements drawn from everyday life that are immediately or eventually recognisable. Multiplied and manipulated they live the life of my pieces. The order to which the elements are subjected reflects how I see existence, each in its own way. The piece shown here – 'Folly' – is a clay sculpture. The work is based on a system of hundreds of elements that can be used to create different Follies. This is a soulless structure - the ribs of a lost edifice.

Made in the European Ceramic Work Centre, 's-Hertogenbosch

# 4

De sculptuur in deze competitie is kunst die zich in de ruimte afspeelt, de letterlijke ruimte, maar ook de gefotografeerde ruimte, de virtuele ruimte, in feite ook de ruimte van het hoofd. Die conclusie is te trekken na het zien van de selectie van kandidaten in de tweede ronde. Folkert de Jong was de meest klassieke beeldhouwer onder de vier uitverkorenen. Hij snijdt driedimensionale, mensgrote figuren uit hoofdzakelijk blauw isolatieschuim. Voor de gelegenheid had hij een uitstalkast gemaakt waarin zijn oeuvre in compacte vorm was samengebracht: behalve wat hoofden, gemaakt uit parafine-achtige materie, stond er een prominent half onttakeld lijk in de kast. Sommige juryleden vielen voor De Jongs enthousiasme, de experimenteerdrift, de verleidelijke kleuren en zijn oorspronkelijke materiaalgebruik, maar enkelen hadden moeite met het nostalgische karakter van het werk en De Jongs onduidelijke, ogenschijnlijk strikt persoonlijke motivatie.

Dat lag anders bij Erik Olofsen die met unaniem enthousiasme werd geselecteerd voor de eindronde op basis van een installatie bestaande uit objecten, een video en geluid. Het was een vervormde, lichtelijk angstaanjagende pseudo-keuken, die begeesterd werd door onbekende krachten. De jury was direct overtuigd van het werk, zijn aantrekkelijkheid, zijn gelaagdheid en moderne uitstraling. Maar ook, misschien wel bovenal, van het enorme potentieel dat uit de installatie en de presentatie van Olofsen sprak. Bij Helmut Dick lag het wat ingewikkelder, vooral vanwege het banale karakter van veel van zijn werk en de licht-humoristische inslag. De jury achtte het werk beter geschikt voor de categorie Kunst en Publieke Ruimte, maar koos Dick uiteindelijk als kandidaat op grond van een projectvoorstel voor een buitenproject bij een politiekantoor in Oostenrijk. Op het dak van het

# 4

The sculpture in this competition is art that happens in space, literal space, photographed space, virtual space, and mental space too for that matter. This is concluded after seeing the selection of candidates in the second round. Folkert de Jong was the most classic sculptor of the chosen four. He cuts three-dimensional life-size human figures from insulation foam, usually blue. For the Prix, he had made a display case presenting a compact version of his entire oeuvre: except for a couple of heads made from a paraffin-like substance, a semi-decomposed body was on prominent show. Some of the panel fell for De Jong's enthusiasm, experimentation, seductive colours and original material use although others had difficulties with the nostalgic element of the work and De Jong's unclear, possibly highly personal motivation.

Things were different in the case of Erik Olofsen who was unanimously selected for the finals on the basis of an installation of objects, video and sound. It was a distorted slightly terrifying pseudo-kitchen bedevilled by unknown forces. The jury was immediately convinced by the piece – by its attractiveness, layering and contemporary feel. But perhaps more than anything they were impressed by the enormous potential tangible in Olofsen's work. Helmut Dick was a little more complex, primarily because of the banal nature of much of his work and its light humour. The panel felt that the work was more suited to the category Art and Public Space, but Dick was ultimately selected on the grounds of a project proposal for an outdoor project near a police station in Austria. Dick wanted to install a huge volcano on the roof of the fairly large apartment block. The mountain was to spout smoke to more or less echo the

**Salwa Jabli**, Zonder titel, 2002
Gemengde technieken
205 x 190 x 200 cm

Mixed media
205 x 190 x 200 cm

Een kader van leed. Zonder vorm van identiteit. Contrasterende combinaties van materiaal. De grens slechts een suggestie. De veilige kring van huis en haard. Illusies van het zelf. Mens in oordeel. Een confrontatie tussen beeld en toeschouwer. Het gegeven, ruimte. Een compositie waarin een verhaal verteld wordt. Realistisch weergegeven, naakt in zowel het zijn als de situatie waarin het zich bevindt. Beelden van sociaal of politiek kritiek, een spiegel. (H)erkenning voor dader. Een stem voor slachtoffer. Slechts een kantlijn van opmerkingen. Massa en vorm wordt vraagteken.

A framework of suffering. With no form of identity. Contrasting combinations of material. The boundary is merely suggested. The secure circle of house and home. Illusions of the self. People judging. A confrontation between image and viewer. The given, space. A composition that tells a story. Realistically, naked in its being and in the situation in which it exists. Images of social or political criticism: a mirror. Acknowledge/ recognise the perpetrator. A voice for a victim. Nothing more than marginalia. Mass and shape – a question mark.

onaanzienlijke flatgebouw wilde Dick een grote vulkaan installeren waaruit meer of minder rook uit op zou stijgen, evenredig aan de politie-inzet in de stad. Het was een briljante, zeer symbolische vondst die door de jury unaniem op waarde werd geschat.

De vierde kandidaat, Ryan Gander, was de meest controversiële van de vier. De meningen waren scherp verdeeld over Ganders doordachte installaties, die evenzeer commentaar geven op kunst en de media-maatschappij, als er handig gebruik van maken. De uit Engeland afkomstige kunstenaar is een meester van de fragmentatie. Hij doseert de informatie met gevolg dat de toeschouwer er zelf mee aan de haal moet, wil die er nog iets van begrijpen. Gander was een van de weinige conceptueel ingestelde kunstenaars uit het totale aanbod, en werd door de jury aangemerkt als de intelligentste van allemaal. Hij was de kunstenaar die van alle kandidaten uit de tweede ronde het best de portee van zijn werk doorzag en daarom, in ieder geval in de ogen van enkele juryleden, beschouwd kon worden als de enige echte volwassen kunstenaar. Men dichtte hem een vlotte internationale carrière toe.

5

Meest opzienbarend aspect van de jurering van de vijftien kandidaten in de tweede ronde was het menta-liteitsverschil tussen de Nederlanders en buitenlanders,

amount of police presence in the town. It was a brilliant, very symbolic plan that the jurors all appreciated.

The fourth candidate, Ryan Gander, was the most controversial of the four. Opinions were highly divided when it came to Gander's well thought-out installations that not only comment on both art and our media-crazed society, but know how to harness the language and structure of the media. The British-born artist is a master of fragmentation. He offers the public snippets of information that they have to thread together if they want to understand his installations at all. Gander was one of the few out of all the candidates with a conceptual slant and was considered the most intelligent of the bunch. Of all the candidates in round two he was the artist who best understood the potential of his work and so, in the eyes of several jurors, could be considered the only really mature artist. A speedy international career certainly seems to be assured.

5

The most revealing aspect of judging the fifteen candidates in the second round was the difference in mentality between the Dutch and international artists, among both artists and jurors.

**Frank Havermans**, KAPKAR/TC-23 , 28 oktober – 25 november 2001, Helmond

Constructiemultiplex, balkhout, zwart touw, draadeinden, revetten, moeren

Construction multiplex, wooden beams, black twine, ends of wires, rivets, nuts

KAPKAR is een ruimtelijk concept, waarbij de architectonische situatie, maat, verhouding, historische gelaagdheid en de constructieve bouwkundige principes nauwlettend worden bestudeerd. Vervolgens wordt hieruit een essentie gestileerd waarmee dermate wordt geschoven en gemanipuleerd dat vanuit de architectonische drager een nieuw autonoom of functioneel beeld ontstaat dat zijn eigen positie inneemt in de ruimte.
'KAPKAR/TC-23' is een herinterpretatie, een 1:1.5 schaalmodel van de stalen constructie van De Nederlandsche Cacaofabriek. De dragende delen zijn van elkaar losgekoppeld en op een andere manier weer in elkaar gezet. De houten elementen raken elkaar nergens en worden bij elkaar gehouden door aangespannen zwarte draad, een tensegrity-constructie. Hierdoor ontstaat een omkering van het bouwkundige principe. De constructie draagt niet de ruimte, maar de ruimte draagt de constructie.

KAPKAR is a three-dimensional concept where the architectural situation, scale, proportion, historical layering and constructive engineering principles are closely examined. An essence is distilled from this which is manipulated and tweaked to create a new autonomous or functional image from the architectural fundament that occupies its own position in the space. 'KAPKAR/TC-23' is a reinterpretation, a 1:1.5 scale model of the steel construction of the Netherlands Cocoa Factory. The frame has been disassembled and differently reassembled. The wooden elements barely touch each other and are held together by taut black twine, a tensegrity construction, thus reversing the engineering principle. The construction does not carry the space – the space supports the construction.

Fotografie: René de Wit

zowel bij de kandidaten als de juryleden.

In Nederland heerst het hardnekkige idee dat beeldende kunst voor zichzelf moet kunnen spreken, dat elk woord over het beeld er een teveel is. In het buitenland geldt kunst meer als een onderdeel van een discours, waar iedereen die zich in kunst wil uiten zich er toe te verstaan heeft. Elke buitenlandse deelnemer was diep doordrongen van de positie van zijn kunst en verhaalde in geuren en kleuren over zijn strategische keuzes. De meeste Nederlandse deelnemers bleven daarentegen hangen in een meer particuliere obsessie, waaraan op geheel individuele wijze uiting werd gegeven, alsof ze de eerste waren in de kunstgeschiedenis. Voor de Nederlanders was kunst een kwestie van expressie en niet zozeer van strategie. Bij de vier prijswinnaars waren deze onderlinge verschillen minder opvallend, maar nog altijd aanwezig. Het heeft in ieder geval een enkele deelnemer de kop gekost. Zo heeft Folkert de Jong bij de eindpresentatie de twijfel die er na het zien van zijn installatie bij de jury bestond niet weg kunnen nemen. Zijn uitgebreide tableau vivant met tal van gekwetste figuren rondom een kampvuur, met daarbovenuitstekend een groot ruiterstandbeeld, toonde weliswaar De Jongs sculpturale kunnen, maar de noodzaak van dit alles, de materiaalkeuze en het motief wist hij onvoldoende inhoudelijk te verantwoorden. Het bleef bij een persoonlijke fascinatie, terwijl de jury, gezien de nadrukkelijk traditionele aard van het motief, een meer kritische houding ten opzichte van het werk en de traditie waar het uit voort komt wenselijk had gevonden.

Ook Helmut Dick, hoewel zeer bedreven in zijn pre-sentatie, was niet in staat om de heersende twijfel bij de jury weg te nemen. Dick had in de drie maanden die hem in de eindronde gegeven waren gewerkt aan een mobiele sculptuur, een grote witte Mercedes waar, terwijl hij rondreed door de stad, langzaam een herdershond uit het dak naar boven kwam. Het bizarre beeld van de auto-met-hond-op-het-dak bood een soort persiflage op de patser, die de straten onveilig

The Netherlands is dominated by the persistent idea that visual art has to speak for itself and that any word about the work is one too many. Internationally, art is far more part of a discourse in which all those wanting to express themselves in terms of art should be familiar with. Each of the international participants was deeply pervaded by the position of his art and gave a no holds barred account of his strategic choices. By contrast, most of the Dutch participants seemed to be stranded in a more particular obsession to which they gave very individual expression as if they were the first artists in art history. For the Dutch candidates, art was a question of expression rather than strategy. Among the four prize winners, the differences were less conspicuous but still present. At any rate it cost one of the aspirants the competition. During his final presentation, Folkert de Jong proved unable to still the panel's doubts that arose after seeing his installation. While his detailed tableau vivant with a series of wounded figures grouped about a campfire with a large mounted horseman rearing up out of the group demonstrated the artist's sculptural abilities, he failed to render a convincing account of the point of it all, his choice of materials and motive. It turned out to be based on personal fascination while the jury, given the explicitly traditional nature of the motive took a more critical standpoint towards the work and would have liked to have heard more about the tradition in which it was rooted.

Helmut Dick, despite a very inspired presentation, was also unable to remove the panel's prevailing doubts. In the three months Dick had been given to produce the final piece, Dick had created a mobile sculpture – a large white Mercedes – in which he toured the city while a sheepdog slowly stuck its head through the roof. The bizarre image of the car-with-dog-on-roof was a sort of parody of the machos who parade their flamboyant cars

maakt in te snelle auto's met gevaarlijke honden. Het was een absurde grap, waar veel omstanders verbijsterd op reageerden. De jury had weliswaar waardering voor het werk, maar struikelde over de detaillering. Zo kon Dick geen goede verklaring bieden voor de met verband omzwachtelde kop van de hond. Ook de video die hij van de rondrit had gemaakt en waarin vooral op de reacties van passanten was ingezoomd had een averechts effect op het oordeel van de jury. De video maakte van het werk een soort candid camera verhaal, wat het werk in de ogen van de jury definitief reduceerde tot een grap in plaats van kunst.

Beter af was Erik Olofsen. Hij dankt zijn tweede plaats in de eindstand van de prijs aan een overtuigende toelichting bij zijn installatie. In een onvoltooide installatie stonden meerdere projectieschermen en een monitor, alsmede enkele eilandjes met blokken, als was het een versimpelde weergave van Manhattan. Het lawaai van de videobeelden deed iedereen nu en dan opschrikken, doordat er met veel kabaal troep in een hoek van een kamer tegen de muur terechtkwam, om daar op mysterieuze manier direct weer uit te verdwijnen. Het bleek de registratie van een enscenering waarbij een kamer was nagebouwd, bovenop een soort wip. De camera-instelling was van dien aard dat het in de registratie leek alsof je naar een doodgewone lege kamer keek waar ineens, zonder dat de kamer bewoog, iets de hoek in schoof, om er weer direct uit te verdwijnen. Het gevoel van spanning werd gecontinueerd in een andere video die in vloeiende bewegingen de camera over een pseudo-stad van blokken liet zwenken, in een dubbelopname. Tussen de opnames door waren wat blokken verwijderd waardoor er slechts een vage schaduw van het blok in de definitieve opname zichtbaar was. Beide werken versterkten een gevoel van mysterie, precies zoals Olofsen al eerder had bereikt met de pseudo-keuken. Toch had de jury moeite met de chaotische presentatie. Uit gepresenteerde foto's werd de enscenering van de opnames

and mammoth dogs through the streets. It was an absurd joke eliciting surprise from many by-standers. Although the panel saw the work's value, the detailing was a sticking point. Dick couldn't give a clear explanation for the dog's bandaged head. And the video he had made of the excursion with close-ups of the reactions of passers by didn't favourably impress the jury. The video made the work a sort of candid camera sketch which, in the eyes of the panel, definitively reduced the work to a joke rather than art.

Erik Olofsen was better off. He attributed his second prize in the finals to his convincing explanation of his installation. Several projection screens and a monitor and a number of islands with blocks – a simplified version of Manhattan perhaps – were placed in an unfinished installation. The noise of the video images was intermittently startling when a cluster of objects in a corner of the room crashed into the wall at intervals with a loud bang before mysteriously vanishing. It turned out to be the registration of a staged scene in which a room was reconstructed on top a sort of see-saw. The camera had been set up so that the registration presented an ordinary empty room to all intents and purposes, a still room in which suddenly something in a corner started to move before immediately disappearing. The tension continued in another video where the camera's fluid eye drifted over a pseudo city of cubes, in a double registration. A number of blocks were removed during takes leaving only a vague shadow behind in the final registration. Both works reinforced a sense of mystery, precisely paralleling what Olofsen himself had accomplished with his pseudo-kitchen. But the jury was perplexed by his chaotic presentation. The photos presented showed how it was staged during recording which ended up being better received than the

Helmut Dick, The green car, Hoorn,
7 september – 20 oktober 2002

In het kader van Upstream kunstmanifestatie is een historisch gebouw uit de 16e eeuw voorzien van een nieuwe voorgevel met groene autolak. De laklaag en de kleur zijn precies hetzelfde als die van een groene Opel Kadett die recht voor het gebouw geparkeerd staat. Het betreft de Hoofdtoren, een van de belangrijkste monumenten in de historische binnenstad van Hoorn, een toeristische trekpleister.

www.helmutdick.de

As part of the 'Upstream' art-manifestation an historic building from the 16th century got a complete new frontal façade which is coated with green car-lacquer paint. The surface and colour matches exactly with a green Opel Kadett which is parked right in front of the building. It concerns the 'Hoofdtoren', one of the most important architectural monuments in the historic citycenter of Hoorn (North-Netherlands), a touristic attraction.

duidelijk en die werd in het algemeen hoger gewaardeerd dan het uiteindelijke resultaat. Het is aan Olofsens overredingskracht te danken dat hij toch als tweede prijswinnaar uit de bus is gekomen. De video van 'Manhattan' en de manier waarop hij dat mysterie wist te verbeelden, bleek daarbij doorslaggevend.

Misschien niet geheel toevallig was de uiteindelijke winnaar het meest van allemaal bedreven in het spreken. Ryan Gander bracht een voor zijn doen uiterst onsamenhangende presentatie, die een aantal losse ideeën in zich verenigde: een lezing, onder de veelzeggende titel *Loose Associations*, een televisieset met daarop een mysterieus teletextprogramma, een stapeltje schaakstukken uit zebrahout, een kinderboek *The boy that always looked up* en een meer dan wandgroot plakkaat bestaande uit meerdere lagen over elkaar geplakte affiches met blauwe achterkant (zogenaamd fly-posting paper). *An incomplete history of ideas* bracht de realisatie van een aantal ideeën in opeenvolgende stadia van uitvoering samen, zoals een schaakstuk uit de Bauhaustijd, een televisie uit de jaren zestig, een Londense architect uit de jaren zestig en fly-posting paper zoals dat tot op heden wordt gebruikt. De verzameling gaf het rijke potentieel aan betekenissen weer waaromheen Gander zijn werk altijd opbouwt. Maar in vergelijking met de enorme voorraad aan inhoudelijke toespelingen kwam het werk in visuele zin magertjes over. Precies daarom stuitte het in de voorrondes op enig bezwaar bij de jury en passeerde de cerebrale minimalistische vormgeving ook in de eindjurering niet zonder kritiek de revue. Toch won Gander met overtuiging, zij het zonder eenstemmigheid onder de jury.

Met de keuze voor Gander heeft de jury een bijna provocatieve conclusie getrokken, die in feite diametraal tegen de teneur van het complete aanbod ingaat. Gander was over het geheel genomen een atypische kunstenaar, een van de weinige echte conceptueel

end result. Olofsen secured second play mainly due to his powers of survival. The video of 'Manhattan' and his ability to project an air of mystery were the deciding factors.

It may not be entirely coincidental that the final winner was the most eloquent. In what Ryan Gander felt was a totally incoherent presentation, he melded several separate ideas into a whole: a lecture with the revealing title *Loose Associations*, a television set showing a mysterious teletext programme, a pile of chess pieces made from zebra wood, a children's book *The boy that always looked up* and a larger than wall-size placard made up of layers of blue-backed posters pasted over each other (which are used in fly postings). *An Incomplete History of Ideas* brought together the realisation of a number of ideas in consecutive states of execution: a Bauhaus period chess piece, a sixties TV set, a sixties London architect and fly-posting paper still used today. The collection reveals the rich potential of meanings around which Gander always builds his work. But compared to the enormous storehouse of ideas underlying all this, the work's visual appeal was a little thin. It was because of this that Gander's work had only got through to further rounds by a narrow margin – nor did the minimal visual interpretation go uncontested. But in the end, Gander was awarded first prize, albeit not unanimously.

By granting the first prize to Gander, the jury drew an almost provocative conclusion that in fact is diametrically opposed to the tone of the submissions. Overall, Gander was an atypical artist, one of the few genuinely conceptual artists with a rigid, minimal, barely expressive visual language. Given that Dutch participants showed so little enthusiasm for reflecting on art, the selection of this British artistic polymath strongly

**Erik Olofsen**, Remote control, 2002
Beeldhouwwerk, architectuur, video,
hete lucht, surround-geluid
Circa 7 x 7 x 5 m

Sculpture, architecture, video, warm
air, surround sound
Aprox. 7 x 7 x 5 m

De ruimte wordt doorbroken door knetterende en scheurende geluiden. Het
geluid modelleert zich.
Een gedeelte van een keuken: links
aan de muur hangen haken met zwarte
pannen en een netje met aardappelen.
De pannen bewegen zich langzaam van
de muur af. Heen en weer.
Onzichtbare krachten lijken de ruimte
te beïnvloeden.
Gedurende een tel bevindt alles zich
op de juiste plaats. Alles is logisch.
Eén tel. Alles valt weer uit elkaar. De
dingen lijken geen verband te hebben.

The space is being torn apart by an
intens crackling and tearing sound.
The sound sculpts it's way through.
A fragment of a kitchen: on the left
wall black pans hang on hooks, a net
with potatoes. The pans move slowly
from the wall. Back and forth.
Invisible forces appear to be influencing
the space.
For a short moment everything is in
it's right place. Everything makes
sense. A split second. Everything falls
apart again. Things don't seem to
have any connection.

37

werkende kunstenaars, met een rigide, minimalistische, weinig expressieve beeldtaal. Gezien het feit dat de Nederlandse deelnemers zich juist niet erg bedreven hebben getoond in de reflectie op kunst, is de uitverkiezing van deze Engelse artistieke veelweter moeilijk anders te zien dan een correctie op het Nederlandse artistieke klimaat en zijn over het algemeen dominante anti-intellectualisme. Met Gander is gekozen voor het concept boven de expressie, voor de context boven de autonomie, voor het woord boven het beeld, voor de strategie boven spontaniteit en misschien zelfs ook voor het verstand boven het gevoel. Het denken heeft gezegevierd. De Prix de Rome Beeldhouwen 2003 was daarmee een les in hedendaagse internationale kunstpraktijk.

Domeniek Ruyters

seems to be a correction of the Dutch artistic climate and its generally prevalent anti-intellectualism. With Gander, concept not expression, context not autonomy, word not image, strategy not spontaneity and perhaps mind over heart have been awarded. Reason is victorious. Therefore, the 2003 Prix de Rome Sculpture is a lesson in contemporary international art practice.

Ryan Gander, Travelogue Lecture (with missing content), 2001
Slide projectors, cushions, slide frames from a previous lecture

Twee diaprojectoren die met een tijd-schakelaar verbonden zijn, vertonen 160 dia's in een doorlopende voorstelling. De afbeeldingen zijn uit de diaraampjes verwijderd waardoor de toeschouwer slechts een serie verschillende lichtvormen ziet die gevormd worden door de GEPE-diaraampjes. De volgorde van de raampjes stamt uit een lezing getiteld Travelogue die de kunstenaar eerder heeft gegeven. Veertig ribfluwelen kussens in diverse bruintinten liggen verspreid over de vloer om de diaprojectoren heen.

Slide projectors, cushions, slide frames from a previous lecture

Two slide projectors linked to a timer, continuously show a selection of one hundred and sixty slides. The images in each slide mount have been extracted, leaving the spectator to merely view a variety of different shapes of light produced by a range of GEPE slide masks, the order of the masks is taken from a previous lecture by the artist entitled Travelogue.
Forty corduroy cushions in a selection of tones of the colour brown are scattered on the floor surrounding the projectors.

## Prix de Rome, een creatief proces

"Wat is dat voor een curieus misverstand dat juryge-sprekken openbaar moeten zijn", schreef Mark Duursma vorig jaar in NRC-Handelsblad over de Prix de Rome 2002. Anders dan de gewoonte is bij de meeste kunstprijzen wordt bij de Prix de Rome het juryberaad publiek gemaakt. Dat is van belang omdat deze prijs gericht is op het signaleren van ontwikkelingen. Het is geen oeuvreprijs, waarna tegen de prijswinnaar gezegd kan worden "now you can die and we will pitch you in a drawer and an article under it", zoals juryvoorzitter Janwillem Schrofer het uitdrukte. Integendeel, het is een prijs voor een belofte. Een ont-luikend talent, een nieuwe ontwikkeling, dat is wat de Prix de Rome wil stimuleren. Juist op een terrein als Kunst en Publieke Ruimte, dat zo in beweging is de laatste jaren, is het interessant de discussie van de juryleden over het werk van jongere vakgenoten te volgen. Eén van de leden van de jury Kunst en Publieke Ruimte, de Londense beeldhouwer Antony Gormley, noemde het jury-overleg een creatief pro-ces: "seeing what kind of models for the collective endevaour of sculpture there can be." Hij hoopte zelfs dat de jury zou kunnen fungeren als een "selfreflective organism".

### Jury en deelnemers

De vier beeldend kunstenaars die lid zijn van de jury hebben een persoonlijke relatie met kunst in de publieke ruimte. Hun visie en ervaring op dit terrein zijn van invloed op de criteria die zij hanteren bij de selectie voor de Prix de Rome. Antony Gormley tast in zijn werk de betekenis van de publieke ruimte af met behulp van beelden gemodelleerd naar zijn eigen lichaam. Met zijn project *Total Strangers* in Keulen deed hij dat door één figuur te exposeren in een verder lege ruimte van de Kunstverein en vijf precies dezelfde beelden zomaar ergens in de stad te plaatsen. Het interesseert Gormley hoe kunst zich moet aanpassen in de publieke ruimte. Hij verwacht van de jonge kun-stenaars die deelnemen aan deze Prix de Rome dat

## Prix de Rome, a creative process

"What a curious misconception that the jurors' consultations should be public," wrote Mark Duursma about the Prix de Rome 2002 last year in the Dutch paper the NRC Handelsblad. Unlike the policy of most art prizes, the Prix de Rome publishes the panel's deliberations. This is an important element of the prize, as it signals new developments in the art world. It isn't an oeuvre prize presented to an artist with the words "now you can die and we will pitch you in a drawer with an article under it" as jury chairman Janwillem Schrofer put it. Quite the opposite – it is a prize for emerging talent. The Prix de Rome is all about encouraging promising young artists and new developments. And in a discipline like Art and Public Space that has seen such rapid developments over recent years, it is fascinating to follow the jury's discussions of the work of younger colleagues. One of the jurors of the Art and Public Space panel, the London-based sculptor Antony Gormley, called the jury deliberations a creative process: "seeing what kind of models for the collective endeavour of sculpture there can be." He even hoped that the jury would be able to act as a "self-reflective organism".

### Jury and participants

The four visual artists on the panel have a personal relationship with Art and Public Space. Their vision and experience in this discipline influence the criteria they apply in selecting candidates for the Prix de Rome. Antony Gormley's work explores the meaning of the public space by using statues modelled on his own body. With his project *Total Strangers* in Cologne, he did this by showing a single figure in the otherwise empty space of the Kunstverein, and placing five identical statues elsewhere in the city. Gormley explores how art has to adapt once it accepts the notion of collective space. He expects the young artists taking part in

ze beschikken over "moed, energie en een zekere slimheid om een situatie naar eigen hand te zetten." Dat wordt onderschreven door Narcisse Tordoir, maar deze legt er nog meer de nadruk op dat de kunstenaar zijn eigen rol dient te formuleren bij het werken in de publieke ruimte. Een voorbeeld daarvan is Tordoirs ontwerp voor het monumentale hek van een woonblok op het KNSM-eiland in Amsterdam, dat hij met alledaagse motieven tot menselijke proporties wist terug te brengen.

Een andere invalshoek bij kunst in de publieke ruimte is de aandacht voor het publiek. Ken Lum hecht veel waarde aan het politiek geëngageerd werken in de publieke ruimte, in welke vorm dan ook. In zijn spiegeldoolhof op Documenta 11 in Kassel werd de bezoeker intens met zichzelf en de ruimte geconfronteerd. Alicia Framis, de 1e prijswinnaar in de vorige Prix de Rome op dit terrein (1997) met het spraakmakende *Walking Monument* op De Dam in Amsterdam, gaat nog een stap verder in haar contact met het publiek. Zij noemt zichzelf een katalysator. Het 'werken met het publiek' is haar adagium en deze interactie hoopt zij ook te vinden in het werk van de deelnemers.

De enige niet-beeldend kunstenaar in de jury is de Amsterdamse schrijver-columnist Dirk van Weelden. Zijn algemene kennis van het kunstklimaat in Nederland stelt hem in staat de individuele opvattingen van de vakjury in een breder perspectief te plaatsen. Van Weelden zou graag zien dat de deelnemende kunstenaars ook aandacht besteden aan de fundamentele vraag naar het bestaansrecht van kunst.

Kortom: de jury zoekt een kritisch en onafhankelijk kunstenaar die de mogelijkheden van het werken in de publieke ruimte verkent. Een vaag criterium wellicht. Maar de organisatie van de Prix de Rome heeft niet voor niets met de naam 'Kunst en Publieke Ruimte' het terrein zo open mogelijk willen houden. Jury-voorzitter Schrofer: "We zijn geïnteresseerd in het vermogen van een kunstenaar om zelf te definiëren waarom de publieke ruimte interessant voor hem is."

De andere partij in het proces dat Prix de Rome heet zijn de 66 jonge kunstenaars die deelnemen aan deze editie van de Prix. Een vluchtige inventarisatie

this Prix de Rome to possess "bravery, energy and a degree of cunning to play the opportunity." This is seconded by Narcisse Tordoir, who places more emphasis on the artist formulating his own role in creating work for the public space. One such example is Tordoir's design for the monumental gate fronting an apartment block on the KNSM Island in Amsterdam to which he lent a human scale by incorporating visual elements drawn from everyday life.

Another approach to Art and Public Space is to focus on the public. Ken Lum places great value on politically engaged works in the public space, in whatever form. In his mirror-labyrinth at Documenta 11 in Kassel, the public was confronted by itself. Alicia Framis, winner of the 1st prize in the last Prix de Rome in this discipline (1997) with her memorable *Walking Monument* on the Dam in Amsterdam goes one step further in her contact with the public. She refers to herself as a catalyser. 'Working in public' is her watchword and she hopes to find this interaction in the work of this year's candidates.

Amsterdam-based writer/columnist Dirk van Weelden is the only non-artist juror. His general knowledge of the Dutch art climate enables him to place the individual standpoints of the artist panel in a broader context. Van Weelden is keen to see the nominated artists answer the fundamental issue of art's *raison d'être*.

In brief, the jury is looking for a critical, independent artist engaged in exploring the bounds of working in the public space. A vague criterion perhaps. But the organisation of the Prix de Rome decided to give the discipline 'Art and Public Space' as broad an interpretation as possible. Jury chairman Schrofer: "We are interested in the capacity of an artist to self-define why public space is interesting to him."

The other party in the process known as the Prix de Rome are the 66 young artists taking part in this round of the Prix. A brief inventory of anonymous submissions shows that roughly half

van hun anoniem ingezonden werk leert dat van hen ongeveer de helft al meerdere projecten in de publieke ruimte heeft gemaakt. De meest ervaren kunstenaars maken vooral de meer gebruikelijke vormen van hedendaagse 'kunst in de openbare ruimte', zoals allerhande bouwsels, interactieve objecten en tekst-kunstwerken. De kunstenaars met minder ervaring durven zich wat meer buiten de opdrachtkunst te begeven met bijvoorbeeld ongeregisseerd sociaal interactief werk. Dat geldt in het bijzonder voor degenen die zich (ook) illegaal in de openbare ruimte begeven. Verschillende kunstenaars gebruiken de pers of reclame als medium, maar er zijn slechts drie deelnemers die de virtuele ruimte van het internet benutten.

De deelnemers voor wie de publieke ruimte nieuw is hebben vaak projecten uit hun academietijd inge-stuurd: veel foto- en videowerk en experimenten met een combinatie van performance en installatie. Ook zijn er maar liefst zes inzendingen met werk gebaseerd op exploratie van het eigen lichaam of exploitatie van de eigen persoonlijkheid in het openbaar. En zoals altijd is er een aantal deelnemers, voornamelijk tekenaars en schilders, in wiens werk geen enkele link met de publieke ruimte te ontdekken valt.

### Anonieme confrontatie

In een tweedaagse sessie op 22 en 23 november 2002 vindt de eerste confrontatie van de jury met de deelnemers plaats in de vorm van een diapresentatie, aangevuld met extra ingezonden tekst- en videofrag-menten. Aan het einde van de eerste dag evalueert de jury de inzendingen. Een gevoel van teleurstelling overheerst. Dirk van Weelden is als outsider getroffen door het problematische karakter van kunst in de publieke ruimte. Dit is een soort kunst die zich, zo meent hij, actief en bewust bezig zou moeten houden met publieke problemen en dan niet op een traditionele of architectonische manier. Helaas constateert de jury dat uit het meeste werk niet blijkt waarom daarvoor de publieke ruimte gebruikt zou moeten worden. Weinig kandidaten tonen politiek betrokken te zijn, vindt Ken Lum, het meeste werk is documentair. Alicia Framis schetst de situatie als volgt: "Eerst had je

the would-be candidates have already executed numerous projects in the public space. The more experienced artists generally utilise more familiar forms of contemporary 'Art and Public Space', such as various kinds of structures, interactive objects and text-based works. Less experienced artists are more inclined to experiment outside the area of commissioned art, often following socially interactive strategies. This is especially true of those operating (illegally) in the public space. A number of artists use the press or advertising as their medium, but only three use the interactive space of the Internet.

The participants to whom the public space is new often submitted college projects – a great deal of photographic and video work and experiments with a combination of performance and installation. Around six submissions centred on work based on explorations of the artist's body or public exploitations of their personality. And, as always, a number of participants working in the areas of drawing and painting showed little evidence of working in the public space.

### Anonymous confrontation

In a two-day session on 22 and 23 November, the jury first encounters the participants in the form of a slide presentation supplemented by extra submissions of text and video fragments. At the end of the first day, the jury evaluates the work. The mood is one of overall disappointment. As the 'outsider', Dirk van Weelden is struck by the problematic nature of Art and Public Space. This is a sort of art that, in his opinion, should take an active, aware approach to public problems without resorting to traditional architectural solutions. Unfortunately the jury concludes that the majority of the work fails to underline its specific relevance to the public space. Few candidates exhibit political involvement, feels Ken Lum – the majority of the work is documentary. Alicia Framis describes the situation as follows: "First there was autonomous sculpture followed by interac-

autonome beeldhouwkunst. Daarna interactie met het publiek. Nu lijkt de vraag: Wat is het gedrag van het publiek? De vraag zou moeten zijn: Wat is hun rol voor het publiek." Volgens Antony Gormley stellen veel deelnemers zich tevreden met het zoeken naar een platform voor kunst. Gormley is verontrust over het geïnstitutionaliseerde karakter van sommig werk, een thema dat blijft terugkeren in zijn commentaar. En evenals Ken Lum is hij verbaasd over de vele faciliteiten die de jonge kunstenaar in Nederland ter beschikking staan, waardoor het vrijblijvende maken van kunst in de hand wordt gewerkt. Teleurgesteld zijn Lum en Gormley ook in het zoeken naar nieuwe modellen voor kunst in de publieke ruimte. In het getoonde werk zijn wel enkele interessante elementen te vinden, maar een consistente vernieuwende visie levert deze lichting van de Prix de Rome niet op.

De tweede dag worden vrijwel unaniem 12 deelnemers geselecteerd die met hun werk nu al de jury overtuigen of waardoor de jury zo geïntrigeerd is dat ze hem of haar in persoon willen ontmoeten. Ondanks de teleurstelling over het niveau van de inzendingen als geheel sluit de jury deze selectieronde af met een tevreden gevoel over de diversiteit en de kwaliteit van de overgebleven – nog steeds naamloze – kandidaten.

Als we het werk van deze kunstenaars vergelijken met het totale veld aan inzendingen blijkt dat de jury vooral heeft geselecteerd op sociale geëngageerdheid. Dit engagement uit zich op verschillende manieren, van interesse in de mensen tot intense samenwerking, van analyseren van problemen tot het bieden van een nieuwe beleving. Verder heeft de jury gekozen voor werk dat nieuwe mogelijkheden in de publieke ruimte lijkt aan te boren en heeft zij het risico durven nemen ook weinig ervaren kunstenaars een kans te geven.

## Ontmoeting

Op 9 december 2002 ontmoet de jury persoonlijk de twaalf nu uit de anonimiteit getreden deelnemers. Twintig minuten krijgen de kandidaten om zichzelf en hun werk te presenteren en vragen van de jury te beantwoorden. Omdat hedendaagse kunst in de publieke ruimte meestal plaatsgebonden en tijdelijk is

tions with the public. Now the question seems to be how does the public behave? The question should be 'what role should the artist fulfil for the public'". According to Antony Gormley many candidates are satisfied with searching for a platform for art. Gormley is disconcerted by the institutionalised nature of some of the work, a theme that returns in his remarks. And, like Ken Lum, he is surprised at the wide range of amenities available to young artists in the Netherlands that facilitate the production of non-committal work. Lum and Gormley are also disappointed in the participants' investigation of new models for Art and Public Space. The submissions offer some interesting elements but this year's nominees fail to present a consistent, innovative vision.

On day two, 12 candidates are selected more or less unanimously – their work either convinces the jury or is so intriguing that the panel wants to meet the artist in person. Despite disappointments about the level of applications as a whole the jurors close this selection round satisfied with the diversity and quality of the remaining – and still nameless – artists.

If we compare the work of these artists with the total range of submissions, the jury has selected work that centres on social involvement. This engagement is manifest in a number of ways, from interest in people to intense collaboration, from analysing problems to offering a new experience. The jury also chose work that seems to open up new directions for working in the public space, and risked selecting artists with little experience.

## Meeting

The jurors will meet the twelve – now named – artists on 9 December 2002. Each candidate has twenty minutes to present their work and answer the panel's questions. Because contemporary Art and Public Space is usually site-specific and temporary they can only give a virtual impression of their work with video material, slides and so

Franck Bragigand, 20 paintings in public space, 1999
20 painted objects found in the street

In 1999 had ik een tentoonstelling in de galerie van Kees van Gelder in Amsterdam. Dit schilderij stond in een hoek op de grond, omgeven door beschilderde plastic bloemen. Na de tentoonstelling werd alles bij de voordeur van de galerie buiten gezet. Alles werd meegenomen.

20 painted objects found in the street

In 1999, I made an exhibition in the gallery Kees Van Gelder in Amsterdam. This painting was shown in a corner, on the floor, surrounded by painted plastic flowers. After the show, everything was put in the street, in front of the gallery. Everything disappeared.

kunnen zij slechts een virtuele impressie van hun werk geven via videomateriaal, dia's en dergelijke. Toch lukt het twee kunstenaars, Tomoko Take en Lara Almarcequi, om met een speciale manier van presenteren de jury ook een idee van hun werkwijze te geven. Na elke presentatie neemt de jury 10 minuten de tijd om indrukken over de kandidaat uit te wisselen. Voor zes kandidaten, die bij de uiteindelijke nominatie bij de eerste stemming afvallen, is dit de laatste keer dat de jury zich over hun werk uitspreekt. In het algemeen ontbreekt bij deze kandidaten de durf en de visie om als kunstenaar een statement in de publieke ruimte te maken. Het is dan ook niet verwonderlijk dat een tweede gemeenschappelijke factor is dat hun werkplannen weinig nieuws bieden, slechts een doorgaan op de oude voet.

Over de zes overgebleven kandidaten wordt uitvoerig gediscussieerd bij de nominatieronde aan het eind van alle presentaties. In hun werk is de omgang met de publieke ruimte origineel en gevarieerd en de voorlopige werkplannen houden de belofte in dat de genomineerden de werkperiode zullen gebruiken om hun grenzen te verleggen.

Vanaf de eerste diavertoning is de jury unaniem geïmponeerd door het professionele werk van Helmut Dick, een verademing tussen alle middelmaat. Een goed voorbeeld van politieke betrokkenheid, juist ook vanwege de lichtvoetigheid, vindt Ken Lum zijn project *Salad Field* in een voorstad van Berlijn, waarbij een grasveld ter grootte van de aangrenzende flatgevel werd beplant met sla. Wel heeft de jury wat vage twijfels over het ambachtelijke en gelijkmatige karakter van Dicks werk, hoe divers en hoe goed dat ook is. Framis: "Hij werkt niet als een kunstenaar." Hoewel

on. Notwithstanding, two artists – Tomoko Take and Lara Almarcequi – succeed in giving the judges a very unusual presentation of their way of working. After each presentation, the jury takes ten minutes to discuss their impression of the candidate. For six candidates, those who are eliminated in the first round, this is the last time the jury will assess their work. In general, the candidates lack the courage and vision to make an artistic statement in the public space. So it is no surprise that a second joint factor is that their work plans offer little innovation, and are simply elaborations of well-trodden paths.

There are extensive discussions of the six remaining artists during the nomination round at the end of all the presentations. Their work takes an original, varied approach and the provisional work plans seem to promise that the nominees will use the work period to push back their boundaries.

From the first slide presentation, the jury was unanimously impressed by the professional work of Helmut Dick, a breath of fresh air amidst the mediocrity. A good example of political involvement, precisely because of his light touch, is Ken Lum's opinion of the project *Salad Field* in a Berlin suburb where Dick had planted a strip of ground the size of the adjacent flat façade with lettuce. The panel has some reservations regarding the craftsmanship and uniformity of Dick's work, however diverse and good it may be. Framis: "He doesn't work like an artist." Although Helmut Dick wins the firm support of all the judges, in the end he decides not to take part in the final round of

Hans Jungerius, FROST (suburban restaurant), 2002

Een groeiend aantal mensen brengt steeds meer tijd in een uitwisselbare wereld door, die ik 'de parallelle wereld' noem.
In de parallelle wereld is oorspronkelijke openbare ruimte schaars, maar de parallelle wereld biedt daarentegen talrijke kansen voor nieuwe vormen van (tijdelijke) openbare ruimte.
Bij één project werden enkele verplaatsbare gebouwtjes gemaakt die plotseling in de publieke ruimte opdoken. De gebouwtjes hadden een functie (snackbar, krantenkiosk) en transformeerden de vaak dode en stille atmosfeer van de openbare ruimte in een levendige omgeving.
Kortgeleden dreef ik een tijdelijk, hip en trendy vormgegeven restaurant in een van de voorsteden.

An increasing number of people are spending more and more time in this exchangeable world which I am calling: 'the parallel world'.
In the parallel world authentic public space is rare but on the other hand the parallel world offers numerous of opportunities for new forms of (temporary) public space.
A project was the construction of several small, moveable buildings which suddenly appeared in public space and had a function (snack-bar, newspaper kiosk) transforming the often dead and silent atmosphere of the public space into a living environment.
Recently I ran a temporary, hip and trendy designed restaurant in suburbia.

**0909-hxjacht**

press a number from 1- 9          press a number from 1- 9

| Mrs. Folkerts and the grandmother are being attacked in their home by 3 aggressive priests | Hendrikje Folkerts is leaving her girlfriend Maja's house by motorbike | Elbert Folkerts is leaving Sebastiaan's home and Sebastiaan makes his way to the Church | The policemen Karel and Cees are in a police-car on their way to the family Folkerts house | Barkeeper Jacobs is confronted with 2 priests who want to know where Mr. Folkerts is |

| The children Hessel and Niels Folkerts are watching the attack from the street | In the Church the priests are planning a brutal arrest of Hendrikje Folkerts | Mr. Folkerts is having sex with Sister Jacoba not knowing that she's spying for the Church | On the radio Mister Dj is warning the family Folkerts about the witchhunt |

**EPISODE I**
the characters are located in 9 locations where 9 events are taking place simultaneously

`1` `2` `3` `4` `5` `6` `7` `8` `9`

**EPISODE II**
the characters are meeting up and reducing the number of locations to 5
5 events are taking place on 5 locations

`1 or 3` `4 or 5` `2 or 7` `6 or 9` `8`

**EPISODE III**
the concentration of characters on each location is increased, reducing the number of locations to 3
3 events are taking place on 3 locations

`1,3,4 or 5` `2 or 7` `6,9 or 8`

**EPISODE IV**
the characters stay in the same 3 locations as in episode III
3 events are taking place on 3 locations.

`1,3,4 or 5` `2 or 7` `6,9 or 8`

**EPISODE V**
all characters have moved into 1 location where the same event takes place
any number pressed will trigger the same event

`1, 3, 4, 5, 2, 7, 6, 9,or 8`

Helmut Dick ruime steun krijgt van alle juryleden zal hij toch niet deelnemen aan de eindronde Kunst en Publieke Ruimte. Hij wordt de volgende dag namelijk ook genomineerd voor de Prix de Rome Beeldhouwen en kiest ervoor om met Beeldhouwen door te gaan. Ook Mark Manders werd in 1992 dubbel genomineerd, maar hij ging niet door met Beeldhouwen en won tenslotte bij de Prix de Rome Beeldende Kunst en Openbaarheid de tweede prijs met fragmenten uit zijn Zelfportret als Gebouw.

De sterke beelden van Katrin Korfmann maken net als het werk van Helmut Dick meteen al bij het begin van de selectie grote indruk op de jury. "A plint for life to contemplate itself", zo karakteriseert Antony Gormley haar White Wall en Pink Wall: een dubbele witte muur op de Amsterdamse Zeedijk met een kijkgat vanuit een café en een enorme rose wand midden op een plein in Turijn, waarvoor de passanten te kijk lopen. De jury is enthousiast over de heldere en precieze manier waarop zij onderwerpen als context, kadrering en perceptie aansnijdt. En dat doet zij, om met Gormley te spreken "with an astute sympathy for, and alert interest in the viewer who becomes the viewed." Na het zien van de video van haar Live Portraits uit 2000 – een performance met zes rondlopende acteurs in een galerie die de echte bezoekers meenemen in hun cadans – en Nachtwacht 2001 – film van het publiek dat naar de Nachtwacht in het Rijksmuseum kijkt – is de jury verrast over de consistente ontwikkeling in haar werk. Voortbordurend op het thema museum versus publieke ruimte is Korfmanns voorstel voor de werkperiode het plaatsen van een vrij toegankelijke white cube in het openbaar. Met volledige instemming van alle juryleden wordt Katrin Korfmann genomineerd voor de eindronde.

Het werk van Natasja Boezem gaat over illusie, het met behulp van objecten of geluid veranderen van de

Art and Public Space. The next day he is also nominated for the Prix de Rome Sculpture prize, and opts to pursue that direction. Mark Manders was another candidate who was doubly nominated, in 1992; he chose not to continue with the Sculpture final and ended up receiving the 2nd prize in the Prix de Rome Art and Public Space with fragments from his Self-portrait as a Building.

The powerful images of Katrin Korfman make just as strong an impact on the panel as the work of Helmut Dick at the start of the selection. "A plinth for life to contemplate itself", is how Antony Gormley characterised her White Wall and Pink Wall: a double white wall on the Zeedijk in Amsterdam with a viewing 'window' in a café and a huge pink wall in the middle of a square in Turin in front of which the public passes and is viewed/ viewer. The jury is enthusiastic about the clear, precise way in which she deals with topics like context, framing and perception. Which she accomplishes, in Gormley's words "with an astute sympathy for, and alert interest in the viewer who becomes the viewed." After seeing the video of her Live Portraits (2000) – a performance with six actors wandering through a gallery, drawing the real visitors into their cadence – and Nightwatch 2001 – a film of the public looking at Rembrandt's painting in the Rijksmuseum – the jury is astonished at the consistent development in her work. Continuing the theme of museum versus public space, Korfmann's proposal for the working period is to place a freely accessible white cube in the public space. All the jurors are unanimous that Katrin Korfmann should go through to the finals.

The work of Natasja Boezem deals with illusion, using objects or sound to alter the perception of

400 jaar geleden deden zich in Amersfoort dramatische gebeurtenissen voor. Een compleet gezin werd door de kerk beschuldigd van 'buitenissige activiteiten' en werd uitgebannen. De historische gebeurtenissen zijn in het kort herschreven en vormen de basis van een enkele minuten durend fictie en surrealistisch telefoondrama (soap). Door "0909hxjacht" te bellen, wordt het publiek overladen met acteurs, (over)gedramatiseerde dialogen en een verhaallijn die zijn climax heeft in de vijfde aflevering. Het werk was onderdeel van de kunstroute 'Amersfoort in een digitaal perspectief', oktober 2000.

400 years ago dramatic events took place in the city of Amersfoort. A whole family was accused of 'alien activities' by the Church and subsequently outlawed. These historical events have been rewritten and condensed into a few minutes that form the basis of a fictitious, surrealistic telephone (soap) drama. By calling "0909hxjacht" the audience will experience a sea of actors, (over) dramatic dialogs and a storyline which continues to accelerate until the climax in episode 5. The work was part of the art-walk (kunstroute) 'Amersfoort in a digital perspective' which took place in the city of Amersfoort, october 2000

49

beleving van een bepaalde plek in de openbare ruimte. Zij toont de jury een staalkaart van haar interventies: een pretparktreintje waarin een hostess in KLM-blauw haar publiek vergast op een imaginaire vlinderexcursie, luidsprekers waaruit de roep van een Italiaanse visboer klinkt, bushaltebordjes waarop als bestemming Lourdes of Mekka is aangegeven. Deze volgens Van Weelden typisch Nederlandse kunst spreekt juist door zijn informaliteit Antony Gormley bijzonder aan. Ken Lum heeft veel waardering voor de fundamentele kwesties die Natasja Boezem aansnijdt, zoals het verlangen naar ontsnapping uit het leven van alledag. Alicia Framis, die Boezems sociale betrokkenheid toejuicht, is minder positief over het utopisch gevoel dat zij lijkt te willen oproepen. De hele jury geniet van de humor in haar werk. Het door haar voorgestelde werkplan gebaseerd op het syndroom van Stendhal, een psychotische reactie op een teveel aan schoonheid, roept wat vragen op. Maar al met al is een meerderheid van de jury ervan overtuigd dat Natasja Boezem een werkperiode goed zal gebruiken en daarmee is haar nominatie een feit.

Slechts één werk van James Beckett heeft direct te maken met de publieke ruimte. In zijn *Muntplein Composition* luidden de klokken van het carillon van de Munttoren in Amsterdam, op onverwachte momenten gekoppeld aan de timing van de verkeerslichten. De hilarische reacties daarop van de voorbijgangers op het Muntplein verrassen de jury. Becketts andere werk bestaat voornamelijk uit installaties, vaak met geluidseffecten. Bij de eerste ronde is zijn presentatie echter beperkt tot dia's. Niettemin weet Beckett op de een of andere manier de jury te boeien met zijn

a specific site in the public space. She shows the jury a sample of her interventions: a funfair train crewed by a hostess in a KLM-blue suit who treats her public to an imaginary tour of a butterfly collection, loudspeakers issuing the call of an Italian fish-seller, bus stop signs emblazoned with such destinations as Lourdes or Mecca. This – what Van Weelden considers typically Dutch art – is particularly appealing to Antony Gormley because of its very informality. Ken Lum appreciates the fundamental themes Natasja Boezem addresses, such as the yearning to escape everyday reality. Alicia Framis, who applauds Boezem's social involvement, is less convinced by the utopic feeling the work seems to attempt to conjure up. The entire jury enjoys the humour in the work. Her proposed work plan, based on Stendhal's syndrome (a psychotic response to an abundance of beauty) raises doubts. But all in all, the majority of the panel feels that Natasja Boezem will put a working period to good use, and she is nominated.

Only one of James Beckett's pieces is directly related to the public space. In his *Muntplein Composition* the bells of the carillon of the Munt Tower in Amsterdam chime unexpectedly, in synchronisation with the timing of the traffic lights. The hilarious reactions of passers by on the Muntplein surprise the jury. Beckett's other work mainly comprises installations, often with sound effects. During the first round, his presentation was however restricted to slides. Nevertheless, Beckett manages to hold the

Renzo Martens, z.t, 2000 – 2002
Video

De openbare ruimte van dit werk is het slagveld van de Tsjetsjeense oorlog, of liever gezegd: de beelden die van deze oorlog op televisie te zien waren.
Het werk is een logboek van mijn activiteiten in Tsjetsjenië; een documentaire met een bepaalde strategische lijn. Hiervoor heb ik Russisch geleerd, ben ik (illegaal) naar Grozny gegaan en heb ik daar gefilmd en interviews afgenomen.
Ik vraag vluchtelingen, soldaten en anderen – met op de achtergrond huilende baby's, ruïnes en beschietingen – niet hoe zij zich voelen, maar hoe zij denken dat ik me voel.
Zo wordt tegemoetgekomen aan enkele motieven voor het kijken naar een oorlog en wordt de film een allegorie van zuinigheid met beelden.
Tegelijkertijd ben ik daar en is de camera daar. Het werk is geen registratie van een of andere gebeurtenis, maar van de voorwaarden en gevolgen ervan.

The public space concerned in this work is the Chechen war, more precisely: the images of that war as seen on TV.
This work is the record of my activities in Chechnya, and a documentary adopting a strategy. In order to create this piece I learnt Russian, went – illegally – to Grozny, filmed and interviewed.
In this work I do not ask refugees, soldiers etc, – with crying babies, ruins and shooting in the background – how they feel. I ask them how they think I feel.
Thus catering for some of the motives for watching war, the film forms a parable for an economy of images.
At the same time, I am there, and the camera is there. The work does not register some outside phenomena, but the conditions and consequences of its own existence.

51

verfrissende werk en wordt hij unaniem geselecteerd voor de tweede ronde. Daar maakt hij indruk met zijn zelfverzekerde optreden. James Beckett is een geboren kunstenaar, zo vindt de hele jury, "completely his own man" en men bewondert de intense energie waarmee hij zijn werken realiseert. Lum en Gormley waarderen ook de ruimtelijke dimensie van zijn geluidswerken, maar het probleem is dat hij verder niet erg geïnteresseerd lijkt in het werken in en met de publieke ruimte, anders dan op een analytische manier. Zijn voorstel voor de werkperiode bevestigt dat. Beckett is van plan te experimenteren met een inversie van muzak, namelijk een onderzoek naar de effecten van onbewust waargenomen geluiden. Toch wordt James Beckett genomineerd, voornamelijk dankzij de waardering van Narcisse Tordoir voor zijn werk, maar ook met de reststemmen van de overige juryleden.

Ook Tomoko Take heeft nog weinig specifieke ervaring in de publieke ruimte. Enkele performances presenteerde zij in openbare ruimtes als een bibliotheek en het restaurant van het Stedelijk Museum. De dia's en video's daarvan worden in de eerste selectieronde niet erg enthousiast ontvangen door de jury. Vooral haar performance *Dutch Wife/Dutch Life* in het Stedelijk Museum Schiedam lokt felle reacties uit. Het publiekelijk transformeren van een aantal gewone naakte vrouwen met stukken stof tot uniforme objecten wordt door Gormley bekritiseerd als manipulatie van het publiek en de deelnemende vrouwen. Dirk van Weelden is van mening dat Take's performances niet het etiket kunst verdienen. Daarbij vindt hij Alicia Framis pal tegenover zich die een warm pleidooi houdt voor de *Dutch Wife/Dutch Life*-performance. Ken Lum

judges' interest with his refreshing work, and he is unanimously selected for the second round. There he makes an impression with his self-confident presentation. James Beckett is a born artist, is the panel's conclusion – "completely his own man", and gains admiration for the intense energy with which he creates his work. Lum and Gormley are also impressed by the spatial element in his soundwork, but the problem is that his interest in the public space seems confined to analysing it. His proposal for the work period confirms it. Beckett is planning to experiment with an inversion of muzak - in other words, to investigate the effects of sound registered subliminally. In spite of this, James Beckett is nominated, primarily due to Narcisse Tordoir's appreciation of his work, but also with the support of the rest of the panel.

Tomoko Take also has little specific experience in the public space. She presented a number of performances in the public space (a library and the restaurant of the Stedelijk Museum, Amsterdam). The slides and videos registering these interventions weren't very enthusiastically received by the jury in the first selection round. Her performance *Dutch Wife/Dutch Life* in the Stedelijk Museum Schiedam triggered heated responses. The public transformation of a number of naked women into uniform objects by means of strips of fabric was criticised by Gormley as a manipulation of the public and the women taking part. Dirk van Weelden feels that Take's performances hardly merit the label 'art'. However, he is roundly disputed by Alicia Framis who argues

Julika Rudelius, The highest point, video, 2002

In een landelijk dagblad heb ik een advertentie geplaatst waarin ik op zoek ben naar vrouwen die over hun seksualiteit willen praten. Meer dan dertig vrouwen van alle leeftijden en achtergronden hebben de oproep beantwoord. Een van de belangrijkste redenen voor hen om te reageren, was dat zij een ander beeld van seksualiteit wilden schetsen dan die momenteel in de media en boeken te vinden is. In deze video beschrijven vrouwen hun orgasmen in droge en technische bewoordingen, terwijl ze de door hen veel gebruikte standjes voordeden. De mannelijke toeschouwers worden hierdoor tegelijkertijd vaak afgestoten en aangetrokken; sommigen kunnen nerveus gegiechel niet onderdrukken. Alle deelnemende vrouwen zijn trots op de video omdat deze zo normaal en eerlijk is.

An ad was placed in the national newspaper stating that I'm searching for women who want to talk about their sexuality. Over 30 women from all classes and ages responded. One of the main reasons for their reaction was the wish to create a different image of sexuality then one finds right now in media and books. In this video women describe in a dry and technical language their orgasms while demonstrating their usual positions used. Male spectators are often disgusted and attracted at the same time; some cannot stop their nervous laughs. All the women who participated are proud of the video because it is so normal and truthful.

waardeert de theoretische visie achter Take's werk en zo gaat, met eveneens de steun van Tordoir, Tomoko Take door naar de tweede ronde. Bij haar presentatie worden de juryleden ontvangen door een in het zwart geklede ober die hen aan een met wit damast gedekte tafel champagne serveert. Alicia Framis deed vijf jaar geleden iets dergelijks. Zij posteerde bij haar presentatie voor de Prix de Rome een bodyguard voor de deur, die de juryleden fouilleerde voor ze naar binnen mochten. Even werden door Framis de rollen omgedraaid en was het de jury die zich moest laten beoordelen. Wat Tomoko Take beoogt met haar royale ontvangst is het stimuleren van een directe communicatie tussen haarzelf en de jury. Enkele juryleden voelen zich ongemakkelijk en Dirk van Weelden opent ongenadig de aanval op Tomoko als ze na een kwartier binnenkomt. Maar die is blij met elke duidelijke reactie op haar 'openingsbod'. Zij presenteert de jury haar voorstel voor de werkperiode, *homelesshome*, een project voor en met Amsterdamse daklozen. Ook dit project stuit op nogal wat onbegrip. Men vindt Take's benadering van het daklozenprobleem enigszins naïef. Narcisse Tordoir waardeert deze interventie in de realiteit van het stadsleven echter als een positieve ontwikkeling in haar werk. Dankzij zijn steun en die van Alicia Framis wordt Tomoko Take genomineerd voor de eindronde.

Het werk van Lara Almarcequi bestaat uit het in kaart brengen van verwaarloosde plaatsen in de stad of het nu *Wastelands* in Amsterdam zijn, binnentuinen in Rotterdam of volkstuinen. Een "innercity angel", zo noemt Antony Gormley haar. Hij ervaart haar warme relaxte manier om kunst te maken als een welkom contrast met de intelligente geïnstitutionaliseerde taal van veel andere kandidaten. Haar presentatie is al even ontspannen en simpel: een aantal A4-tjes op een tafel waar de juryleden omheen moeten lopen. Een Wastelandstour in het klein? Diezelfde wat passieve houding doet de jury ook aarzelen. Almarcequi legt de

strongly in favour of the *Dutch Wife/Dutch Life* performance. Ken Lum praises the theoretical underpinning of Take's work and, with the support of Tordoir, Tomoko Take also proceeds to round two. During her presentation, the members of the jury are welcomed by a black-clad waiter who serves them champagne at a white-damask decked table. Alicia Framis did something similar five years before. For her presentation for the Prix de Rome, she posted a bodyguard at the door to search each juror before allowing them to enter. What Tomoko Take is attempting with her royal welcome is the encouragement of direct communication between herself and the jury. Some of the jurors feel uncomfortable and Dirk van Weelden launches a merciless attack on Tomoko when she enters fifteen minutes later. But the artist is happy to have a clear response to her 'opening offer'. She presents the jury with a proposal for the working period – *homelesshome* – a project for and with the homeless of Amsterdam. But this project also meets with a degree of incomprehension. Some of the panel find Take's approach to the problem of homelessness somewhat naïve. Narcisse Tordoir values the intervention within the reality of city life as a positive development in her work. Thanks to his support and that of Alicia Framis, Take goes through to the final round.

The work of Lara Almarcequi – *Wastelands* – consists of an inventory of neglected places in Amsterdam, the communal gardens of blocks of flats in Rotterdam or urban allotments. Antony Gormley calls her "an inner city angel". He perceives her warm, relaxed approach to art-making as a welcome contrast to the intelligent, institutionalised language of the other candidates. Her presentation is equally relaxed and simple – a selection of A4

Ingrid Mol, SET 7 episode 7, Diva and wart in a room, 2000
Hout, keramiek

Wood, ceramic

Mijn werk bestaat uit het bedenken en creëren van personages. Deze personages krijgen gestalte door ze vorm te geven en daarna voor te laten komen in verhalen, interviews en tekeningen. Een aantal personages zijn keramische beelden, andere personages kunnen door een acteur vorm krijgen of alleen in het verhaal bestaan. De narratieve context waarin de beelden worden geplaatst, doet ze van betekenis veranderen. Een beeld kan, op het eerste gezicht, abstract zijn maar blijkt binnen de context een monster te zijn.

My work consists of inventing and creating characters that appear later in stories, interviews and drawings. Some of them are ceramic sculptures; others are played by actors or only exist in the story. The narrative context in which the images are set changes their context. At first sight, an image may look abstract but, within the context, becomes manifest as a monster.

mogelijkheden van verborgen plaatsen in de stad open zonder daar verder iets aan toe te voegen. Dat is haar kracht, maar ook haar zwakte. Lara Almarcequi krijgt bij de laatste stemming onvoldoende steun van de jury en wordt uitgesloten van deelname aan de eindronde.

Katrin Korfmann, Natasja Boezem, James Beckett, Tomoko Take. Zij zijn de vier genomineerde kunstenaars voor de eindronde van de Prix de Rome Kunst en Publieke Ruimte 2003. Of hun werk nieuwe wegen opent voor kunst in de publieke ruimte valt nog te bezien. In ieder geval koos de jury vier gedreven kunstenaars, heel verschillend maar allemaal met een heldere visie op wat ze met hun kunst willen bewerkstelligen. Zij hebben gretig de mogelijkheid aangegrepen om een aantal maanden geconcentreerd aan een nieuw project te werken en vanuit hun ateliers in de Rijksakademie op hun eigen manier de publieke ruimte te verkennen.

Nieuwe wegen?
Na ruim vier maanden komt de jury weer bijeen om het nieuwe werk van de eindrondekandidaten te bekijken en te bespreken. Het juryproces van deze Prix de Rome, het steeds weer toetsen van de werkwijze van de deelnemende kunstenaars aan de opvattingen van de juryleden, wordt daarmee afgerond. In de criteria die bij het begin van het juryproces zijn geformuleerd werd het accent gelegd op de relatie met het publiek en de aanpassing aan de publieke ruimte. Na de eerste anonieme ronde leek vooral geselecteerd te zijn op sociaal geëngageerde kunst. Vandaag, nu de jury voor het eerst werk ziet in de publieke ruimte, gaat het meer om de vraag: is het kunst en zo ja, voor wie is het bedoeld? Bij de levendige en constructieve gedachtenwisseling over de vier projecten aan het eind van de dag neemt het juryproces een verrassende wending.

sheets laid out on a table for the inspection of the panel. A mini Wastelands tour? The same passive attitude gives the judges reason to hesitate. Almarcequi investigates the possibilities of hidden places in the city without adding anything. It's her strength, but also her weakness. Lara Almarcequi is voted out at the next round and is not invited to take part in the finals.

Katrin Korfmann, Natasja Boezem, James Beckett, Tomoko Take. These are the four artists nominated for the final round of the Prix de Rome Art and Public Space 2003. Whether or not their work will break new ground for Art and Public Space remains to be seen. Come what may, the judges selected four passionate artists, all very different but all with a clear vision of what they want to achieve with their work. They have eagerly grasped the opportunity to spend a few months developing a new project and to explore the public space in their own way from the studios in the Rijksakademie.

New directions?
After more than four months, the jury meets again to take a look at the new work of the final candidates, and evaluate it. The jury process of this Prix de Rome, the constant testing of the participating artists' working methods against the views of the panel, is finally brought to a close. In the criteria formulated at the start of the jury process, the accent lay on the relationship with the public and adjusting it to the public space. After the first anonymous round, it seemed as though the selections had been based on primarily socially-engaged art. Today, now that the jury sees work for the first time in the public space, the question is rather: is it art and if so, for whom is it intended? During the lively, constructive exchange of ideas on the four projects at the end of the day, the jury process takes a surprising turn.

**Helmut Dick**, Saladfield as big as a sky-scraper, Gropiusstadt, Berlijn Neukölln, 25 juni – 5 september 2001

Gropiusstadt, Berlin Neukölln, 25th of june – 05th september 2001

10.000 slaplantjes groeien naast een wolkenkrabber, op een veld van 1200 m² dat net zo breed als de voorkant van het gebouw is.
Dit vond plaats in het kader van 'Areale-Neukölln'; tijdelijke projecten in de openbare ruimte van Berlijn Neukölln.

10.000 lettices are grown right beside a sky scraper building, on a 1200 m² field as big as the frontal façade.

Part of 'Areale-Neukölln'; temporary projects in the public space of Berlin-Neukölln.

www.helmutdick.de

De projecten worden gepresenteerd op vier verschillende locaties in en bij Amsterdam. Een presentatie voor een jury van een werk in de publieke ruimte is eigenlijk een contradictio in terminis. Wie is het publiek? En wat is het effect van de aanwezigheid van de jury op de uitwerking van het project? Antony Gormley merkt op: "We are standing in our own light. It is difficult to separate us out the equation and see the project on itself." De enige die de jury de mogelijkheid geeft om als 'normaal' publiek deel te nemen aan haar project is Tomoko Take. Haar performance *homelesshome* onder een open tentdak op de Nieuwmarkt duurt de hele dag. Daklozen en andere Amsterdammers hebben de mogelijkheid om elkaar te ontmoeten middels de door Take georganiseerde activiteiten: een lunchcafé, het beschilderen van T-shirts en een kledingproject. Ondanks haar artistieke opzet vreest de jury dat het één van de zoveelste sociale projecten is, waarbij het moeilijk is om uit te maken in hoeverre het kunst betreft of sociaal werk. Ken Lum: "It is important for art to have some degree of sovereignty, … no matter how public." Gevraagd naar het kunstgehalte van *homelesshome* zegt Tomoko Take dat haar betrokkenheid als kunstenaar dit project legitimeert. Maar zij heeft niet de intentie daklozen te helpen of het systeem te veranderen. Alicia Framis waardeert dat Tomoko Take dakloosheid niet benadert als een probleem maar als een gegeven. Volgens Gormley is hier echter sprake van een paradox. Enerzijds beroept Take zich op haar positie als kunstenaar, iemand die zich verantwoordelijk voelt voor de wereld en vervolgens ondermijnt ze die positie door haar vrijheid als kunstenaar te gebruiken om afstand te nemen van die verantwoordelijkheid.

Bij het project van Katrin Korfmann is het duidelijk dat het om kunst gaat. Korfmann ontwikkelde haar thema van inkadering van het openbare leven verder met een driedimensionale ruimte die een vice-versa perspectief mogelijk maakt. Zij plaatste een opvallende *public cube* op Schiphol in aankomsthal 2 tegenover

The projects are presented in four different locations in and around Amsterdam. A presentation for a jury of a work in the public space is inevitably a contradiction in terms. Who is the public? And what is the effect of the panel's presence on the resolution of the project? Antony Gormley comments: "We are standing in our own light. It is difficult to separate us out of the equation and see the project itself." The only artist to give the panel the chance to take part in her project like a 'normal' public is Tomoko Take. Her performance *homelesshome* under an open tent in Amsterdam's Nieuwmarkt lasts the entire day. The homeless and other citizens get the chance to get to know each other through activities organised by Tomoko: a lunch café, a T-shirt painting workshop and a clothing project. Despite her artistic input, the jury worries that it is merely another in a series of social projects which makes it difficult to assess just how much the piece owes to art and how much to social work. Ken Lum: "It is important for art to have some degree of sovereignty... no matter how public." When asked about the artistic legitimacy of *homelesshome*, Tomoko Take says that her involvement in the project as an artist qualifies it as art. Alicia Framis appreciates the fact that Take does not see homelessness as an issue but as a given. According to Gormley, however, the project raises a paradox. On the one hand, she evokes her position as artist – someone who feels responsible for the world who then undermines that position by using her freedom as an artist to distance herself from that responsibility.

Katrin Korfmann's project is clearly an artwork. Korfmann developed her theme of framing public life even further by creating a three-dimensional space that facilitates a vice-versa perspective. She placed a highly conspicuous public cube at Arrivals Lounge 2, at Amsterdam Schiphol Airport, opposite the baggage hall's automatic sliding doors. People coming to collect their luggage could sit in the cube and, from behind a glass wall at the front, see their returning loved ones

**Katrin Korfmann**, Pink Wall, Piazza
Castello, Torino, Italy, 2002

Mensen die in een stad rondslenteren, vormen voor mij een bron van inspiratie. Mijn belangrijkste interesse is om de choreografie te 'framen' van het individu in de massa van de publieke ruimte. Ik wil het publiek bij mijn werk betrekken door hen tegelijkertijd zowel voyeur als degene die bekeken wordt te laten zijn. Hierdoor probeer ik met het gebruik van verschillende media (installatie, fotografie/video, performance) mij op de dunne lijn tussen begluurde en gluurder te richten.

Inspired by the people that stroll in the city, my main interest concentrates on framing the choreography of the individual within the masses in public space.
I want to involve the public by creating the possibility of being subject and voyeur at the same time. Doing this, I try to focus on the thin line between the objective and the voyeuristic point of view using different media (installation, photography/video, performance).

de automatische schuifdeuren van de bagagehal. Afhalers kunnen in de kubus gaan zitten en vanachter de glazen wand aan de voorzijde hun terugkerende geliefden in de deuropening zien verschijnen, die van hun kant hun familie zien zitten, ingeraamd in de kubus als in een fotolijstje. De jury is enthousiast over de visuele kwaliteiten van haar project op deze goed gekozen plaats, de 'stadspoort van Amsterdam'. Dirk van Weelden wijst erop dat tijdens de fysieke hereniging een "mini-únpublic sphere" gecreëerd wordt in deze publieke ruimte. Aan dit emotionele en intieme karakter van haar locatie heeft Korfmann minder aandacht besteed.

De eenmalige happening van Natasja Boezem in het flatgebouw Sloterhof in Osdorp gaat over beleving en is alleen waarneembaar voor de jury door buiten mee te luisteren op mobiele telefoons. Om precies 11.30 uur gaan in alle flats de telefoons rinkelen en kunnen de bewoners een opname horen van geluiden uit de St. Croce in Florence (waar Stendhal psychotisch werd van alle kunstwerken). Boezems project bestaat uit het genereren van een onverwachte schoonheids-ervaring voor een enkele ontvankelijke bewoner, die er mogelijk met de buren over zal gaan praten. Gormley begrijpt niet dat zij tevreden is met een dergelijke respons. Voor haar interventie koos Natasja Boezem een interessante én ambitieuze setting: het collectief van een flatgebouw waarbinnen zij de mensen indi-vidueel in hun eigen huis benadert. Ook vindt de jury het idee om een verbinding te leggen tussen de Hoge Renaissance en een middenklasse milieu in Amsterdam fascinerend, maar vooral Alicia Framis betwijfelt of de notie van schoonheid op een dergelijke afstandelijke manier is over te brengen.

appear; from their side, the loved ones see their families framed in the cube, as though in a life-size photo frame. The jury was enthusiastic about the visual qualities of the project in this well-chosen location that is 'the portal to Amsterdam'. Dirk van Weelden points out that during the physical reunion, a "mini non-public sphere" is created in this public space. Korfmann paid less attention to this emotional and intimate side of the location.

The one-off happening arranged by Natasja Boezem in the Sloterhof apartment block in the Amsterdam suburb of Osdorp is about perception; the jury could only share in it from their vantage point outside the flats where they were at the ready, mobile phones in hand. At exactly 11.30, the telephones in every flat started ringing, and residents could pick up and hear the sounds of the St. Croce basilica in Florence (where the beauty of the church's artworks drove Stendhal psychotic). Boezem's project revolves around triggering an unexpected confrontation with beauty – even if only experienced by a single inhabitant who might talk about it with his or her neighbours. Gormley can't understand her satisfaction with such a response. For her intervention, Natasja Boezem picked a site both interesting and ambitious: a block of flats where she approached people individually in their own homes. The jury found the idea of forging a link between the High Renaissance and a middle class area of Amsterdam fascinating but Alicia Framis especially doubted whether the notion of beauty could be communicated in such an impersonal way.

The question of how a project can be deemed art was entirely different when it came to the work of James Beckett. His artistic projects are often not

Natasja Boezem, The Butterfly Experience, Groepstentoonstelling Park of the Future, Westergasfabriekterrein, Amsterdam, 12 – 18 mei 1999

Gedurende de tentoonstelling reed een toeristentreintje (bestuurd door een geuniformeerde chauffeur), over het terrein en door de tentoonstelling. Tijdens deze 'tour' werd het voertuig op diverse plaatsen stilgezet. De hostess aan boord van het treintje vertelde de passagiers wetenswaardigheden over bijzondere vlinders die daar vlogen, maar er in werkelijkheid niet waren. Zij deed dit achtereenvolgens in het Nederlands, Engels en Frans. De passa-giers keken uit over een lege steen-vlakte, naar een gebouw of een artificieel object.
Hostess: Mascha de Vries
Chauffeur: figurant casting bureau

During the exhibition, a tourist train (driven by a uniformed chauffeur) traversed the site taking visitors through the show. During the 'tour' the vehicle made several stops and the hostess on board gave passengers a blow-by-blow account of the (non-existent) butterflies flitting about. She gave her description in Dutch, English and French. The passengers gazed out over an empty industrial terrain where all they could see was a building or man-made object.
Hostess: Mascha de Vries
Chauffeur: extra, casting agency

Fotografie: Frank Stassar

De vraag of en op welke manier een project kunst is, is op een heel andere manier aan de orde bij James Beckett. Ook zijn kunstingrepen worden meestal niet herkend als kunst, maar bovendien zijn zijn research-activiteiten en zijn creativiteit nauw met elkaar verweven. James Beckett presenteert zijn project in een parkeer-garage met als enig publiek de rijen geparkeerde auto's en de enkele auto die nu en dan binnenrijdt (en natuurlijk de jury). Bij binnenkomst hoort de jury vanaf de andere kant van de garage muziek van Schönberg, gespeeld door een violiste en een celliste. Beckett doorkruist diens bijzondere 12-toonsidioom met het knipperen en zoemen van de rode lichtbak 'Motoren afzetten' boven het hoofd van de musicerende meisjes en het flikkeren van de TL-buis die voor hen aan het plafond hangt. Deze surrealistische ervaring wordt geintensiveerd door het zoevende motorgeluid van binnenrijdende auto's.

Voorafgaand aan dit live-project toonde Beckett in zijn studio in de Rijksakademie aan de jury zijn experimen-ten met nauwelijks waargenomen mechanische geluiden en hun effect op de ervaring van de omgeving. Ken Lum vroeg hem wat het verschil is tussen zijn kunst en gedragspsychologisch onderzoek. Die vraag houdt James Beckett totaal niet bezig. Het gaat hem om het ontrafelen van de materiële relatie tot de omgeving en hij neemt de vrijheid om daarbij alle geijkte scheidslijnen te doorbreken. Gormley: "Hij begrijpt dat het niet sim-pelweg een zaak is van het zoeken van een motief of een materiaal. Alles staat open voor onderzoek. En alles heeft de potentie nieuwe gedachten of nieuwe moge-lijkheden op te roepen." Door de authenticiteit van zijn optreden en zijn werk weet Beckett naast Narcisse Tordoir, die zijn talent vanaf het begin onderkende, ook de overige juryleden te winnen voor zijn onorthodoxe, totaal eigen manier van kunst bedrijven. En meer dan dat: "he liberates everybody", zoals Gormley de gevoelens van de jury onder woorden brengt. Gedurende het hele juryproces was er een lichte controverse in de jury over het kunstenaarschap bij het werken in de publieke ruimte. Gormley en Lum

recognised as art but his research activities and his creativity are closely interwoven. James Beckett presents his project in a multi storey car park where the only public – with the exception of the jury of course – was in the form of rows of parked cars and the odd vehicle driving in, in search of a parking space. When they entered, the jury heard a piece by Schönberg, played by a violinist and a cellist, echoing out from the other side of the garage. Beckett criss-crossed the composer's exceptional 12-tone idiom with the blinking and zooming of the red 'Turn off your engine' LCD sign above the heads of the musicians, and the flickering of the strip light suspended in front of them from the ceiling. This surreal experience was intensified by the 'zoof' of approaching cars.

As a taster to this live project, in his studio at the Rijksakademie, Beckett showed the jury his experiments with barely perceptible mechanical sounds and their effect on listeners' perceptions of the environment. Ken Lum asked him what the difference is between his art and behavioural research – a question that Beckett is totally unconcerned with. His exploration centres on unpicking material relations to the environment, allowing himself the freedom to cross all the boundaries in the process. Gormley: "He understands that it is not simply a matter of taking a motive or a material. Everything is under examination. And everything has the potential to give birth to new thoughts or new possibilities." With the authenticity of his work, Beckett is able to win over the jury (except for Narcisse Tordoir who recognised his talent from the start) to this unorthodox entirely personal way of art-making. And more than that: "he liberates everybody", commented Gormley, putting the panel's thoughts into words.

The entire jury process was tinged by a slight controversy about artistic practice in the public space. Gormley and Lum had problems with committing themselves, as artists, to the public and to everyday

**James Beckett**, Mantra for Motors,
Amsterdam, 2002
Lengte: circa 20 minuten                    Duration: apprx. 20 minutes

Compositie van drie motorfietsen,          Composition for three motorbikes,
elektrische accordeon en oscillator.       electric accordion and oscillator.
Op de gashendel van elke motorfiets        Three positions were marked on the
zijn drie standen aangegeven die voor      accelerators of each of the bikes,
verschillend motorvermogen zorgen.         allowing various degrees of engine
Bij overschakeling naar een andere         activity. When orchestrating movement
stand worden op de accordeon en de         between these positions a monotone
oscillator een monotoon aangehouden.       on both the accordion and oscillator
                                           were sustained.
Fotografie: Jean Pierre Sens

hadden problemen met het zich als kunstenaar zodanig committeren aan het publiek en het gewone dagelijkse leven dat het werk niet meer herkenbaar is als kunst. Op dit punt nam het Nederlands-Belgische deel van de jury een wat ruimer standpunt in overeenkomstig de meer experimentele praktijk in Nederland. Door in de eindronde steeds weer de vraag te stellen naar de herkenbaarheid als kunst, zoals vooral Ken Lum deed, deden de verschillende kunstenaars verhelderende uitspraken, met name James Beckett. In de jurydiscussie aan het eind van de dag werden die opvattingen besproken en nader geformuleerd. Deze gedachte-wisseling resulteerde in het besef dat de kernvraag niet ligt bij de kunst, al of niet herkenbaar, maar bij de kunstenaar.

De eindrondekandidaten presenteerden vier geheel verschillende vormen van publieke kunst. Wat de jury opviel was het afstandelijke karakter van enkele projecten, ondanks alle energie en aandacht die de kunstenaars eraan besteed hadden. Ook in de voor-rondes werd bij verschillende kunstenaars een gebrek aan betrokkenheid gesignaleerd. Gormley sprak over een soort 'disengagement' die slechts mogelijk is in een sterk gevisualiseerde cultuur, waarin het onder-scheid is vervaagd tussen het werkelijke leven en het beeld ervan. Bij James Beckett kan niet gesproken worden van afstandelijkheid, integendeel. Hoewel het lijkt alsof hij zijn experimenten koel wetenschappelijk opzet, gaat daarachter een diepe gepassioneerdheid schuil om de wereld te doorgronden. Een intellectuele en artistieke drang om de essentie van het leven te treffen, die ook Katrin Korfmanns werk kenmerkt.

In de laatste fase van het juryproces is, mede dankzij de internationale samenstelling van de jury, het accent verschoven van sociaal geëngageerde kunst naar een waarachtig en betrokken kunstenaarschap. James Beckett en Katrin Korfmann bewijzen dat het werk van een onafhankelijk en kritisch kunstenaar die zijn eigen weg volgt meer zeggingskracht kan hebben in de publieke ruimte dan kunst die als uitgangspunt primair het publiek of de publieke ruimte heeft. De jury-leden hebben elkaar gevonden in deze ruimere opvatting

life in such a way that the work was no longer recognisable as art. On that point, the Dutch-Belgian contingent took a rather more flexible standpoint that reflects the more experimental nature of art practice in the Netherlands. By constantly returning to the issue of the recognisability of a piece as 'art' (as Ken Lum did), the various artists volunteered clarifications of their work, particularly James Beckett. In the jury discussion at the end of the day, the various opinions were discussed and formulated in more detail. This exchange of ideas resulted in the realisation that the core question isn't really about the artwork (and its recognisability as 'art') but about the artist.

The candidates in the final round presented four entirely different types of public art. The panel was struck by the distance inherent in several projects despite all the energy and attention the artists had invested in them. In the preliminary rounds, a lack of engagement was also signalled. Gormley formulated it as a sort of 'disengagement' that is only possible in a highly visualised culture where the line between actual life and its image has become blurred. However, there was no distance in the work and approach of James Beckett – quite the reverse. Although he seems to set up his experiments coolly and scientifically Beckett's driving force is an impassioned longing to understand the world. An intellectual and artistic compulsion to capture life's essence – something that also typifies the work of Katrin Korfmann.

Thanks to the international composition of the jury, the last phase of the jury process shifted emphasis from socially engaged art to an authentic and committed artistic practice. James Beckett and Katrin Korfmann demonstrate that the work of an independent and critical artist that follows his or her own path can have more eloquence in the public space than art whose primary starting point is the public or the public space. The jurors accept this broader view of art practice that opens new vistas for art in the public space.

This consensus also resonates in the final judging

van het kunstenaarschap, die nieuwe perspectieven biedt voor kunst in de publieke ruimte.

Hun gezamenlijk bereikte overeenstemming komt ook tot uiting in de eindbeoordeling van de kandidaten. Wat nog nooit eerder gebeurd is bij de Prix de Rome, althans niet in de 18 jaar dat Janwillem Schrofer jury-voorzitter is: de jury is volstrekt unaniem. De eerste prijs is voor James Beckett. Katrin Korfmann ontvangt de tweede prijs en de basisprijzen gaan naar Natasja Boezem en Tomoko Take.

Ina Boiten

of the candidates. What happens next has never happened in all Janwillem Schrofer's eighteen years as chairman: the voting is unanimous. The first prize is awarded to James Beckett, the second to Katrin Korfmann and the basic prizes to Natasja Boezem and Tomoko Take.

Lara Almarcequi, Building my allotment garden, Rotterdam, 1999 – 2002

Een volkstuin is een stukje grond dat meestal dicht bij een spoorbaan of snelweg ligt en waarop gewone mensen hun eigen groenten kunnen verbouwen. Daar waar ruimte voor wonen, werken en vrijetijdsbesteding al grotendeels vastligt, lijken volkstuinen juist het tegenovergestelde te zijn, omdat dit de weinige plaatsen zijn die door de gebruikers zelf en niet door steden-bouwkundigen en architecten ontworpen zijn.
Ik ben lid geworden van een volkstuin-vereniging zodat ik mijn onderzoek naar volkstuinen beter uit kon voeren en ik mij kon bezinnen op mijn positie als kunstenaar. Dit project is een experiment dat in een bepaalde periode op een bepaalde plaats is uitgevoerd (drie jaar lang werken in een tuin bij een Rotterdamse volkstuinvereniging). Het doel was een tuin aan te leggen, een schuurtje op te zetten en er uren-lang te werken, met alles wat daar uit voort zou kunnen komen.

An allotment garden is a piece of ground, usually close to the train tracks or the highway, where the citizens can plant and cultivate their vegetables. In a situation in which the living, working, and leisure spaces have been heavily planned, the allotment gardens appear like an opposition to this state of affairs because they are one of the very few places in the city that were built by their users and not by urban planners or architects.
In order to deepen my studies of the allotment gardens and to reflect upon my position as an artist, I decided to become part of the allotment garden community. This project is an experiment carried out in real time and in a particular place (three years working in a garden of an association of vegetable gardens of Rotterdam). My goal is to make a garden, build a shed, and spend hours working there, with all the implications this might have.

67

# Eindronde Beeldhouwen

# Final round Sculpture

# Ryan Gander

De lancering van het nieuwe album liep gesmeerd. Prachtige albumcover, persbericht, lovende recensie van Bill Drummond (ex-KLF) in de NME (hét popblad van Engeland). Iedereen gelukkig. Er was maar een probleem: er was geen cd. De perscampagne was gebakken lucht, een doel op zichzelf, zoals wel vaker in de mediacultuur gebeurt. De entourage en het gerucht had de plek ingenomen van dat waar het allemaal om begonnen was.

'Maar waar is het eigenlijk allemaal om begonnen?', zegt Ryan Gander, de regisseur van dit alles heel terecht. De weerslag in de mediacultuur kan net zo goed kunst zijn, als het zogenaamd oorspronkelijke object dat de aanleiding van de berichtgeving is. Die informatie is tenslotte van grote invloed op het uiteindelijke verhaal. Waarom dan de zaken niet omgekeerd en het rumoer eromheen centraal gesteld, moet Gander gedacht hebben. Hij speelt voortdurend met schijnbaar afgeleide fragmenten die vervolgens betekeniszwangere dragers van de vreemdste geschiedenissen blijken te zijn. Er worden brok-jes informatie aangeboden, die in combinatie met de titel van de presentatie een wereld aan verhalen suggereren, maar die zelden ook daad-werkelijk blootleggen. Bij gebrek aan gegevens wordt het doorgaans een grote invuloefening voor het publiek.

Gander laat het publiek niet geheel aan zijn lot over. Hij is een meester in het tactisch doseren. In een recente tentoonstellingstrilogie in Amsterdam, Manchester en Amsterdam gebeurde dat heel subtiel. Het waren drie tentoonstellingen in drie ruimtes, met drie verhalen over drie protagonisten. Maar elke tentoonstelling omvatte in zekere zin ook alle andere, de ruimtes, de verhalen, de karakters. Het zicht op het verhaal was grotendeels weggenomen doordat Gander wanden in de ruimtes had opgetrokken, met enkel een smal venster op een meter hoogte (een verwijzing naar de kunstenaar zelf die in een rolstoel zit). Door de vensters was niet veel te zien. Bureau Amsterdam bood bijvoorbeeld zicht op een vrijwel lege ruimte, links een buitendeur met daarachter wat groen, recht vooruit de toegang tot een andere ruimte, een keuken, waar een poster hing. Als je heel goed keek zag je op het wit een grote asterix, met onderin de verklaring: een serie woorden waarvan de eerste letters

The new album was launched without a hitch. A beautiful album cover, a great press release, a favourable NME review by Bill Drummond (ex KLF). Smiles all round. Only one problem – there wasn't actually a CD. The press campaign was a fake – a goal in itself (nothing new to the media culture). The entourage and rumours had replaced the thing it was actually all about.

'And what was it all about in the first place?' says Ryan Gander, the brain behind it all. The media culture's response could just as well have been art as the original thing that set it all off. After all, this information has huge impact on the ultimate story. So why not reverse things, setting the buzz at the centre of it all, Gander must have thought. The artist constantly plays with fragments apparently from a bigger picture, which then become meaningful carriers of the most peculiar histories. Bits and pieces of information that in combination with the title of the presentation suggest a world of stories, but rarely actually say anything at all. With so little to go on, the public often has to go to great lengths to make sense of it all.

But Gander doesn't leave viewers entirely on their own. He's a master in planting tac-tical clues. In the recent triple series of exhibitions in Amsterdam, Manchester and Amsterdam, the artist's hand was a subtle presence. The three exhibitions were in three spaces, with three stories about three protagonists. But each exhibition encapsulated all the other spaces, stories and characters to some degree. However, the broader context of the story was largely blurred because the exhibition spaces were dissected by walls – put up by Gander – with just a narrow opening a metre from the floor (a reference to the artist himself, who is in a wheelchair). Little could be seen through the gaps. Bureau Amsterdam offered a vista of an almost empty space – a kitchen with a poster on the wall. If you looked closely, there was a large asterix on the white background, with an explanation: a series of words, the first letters of which formed a sentence. No one could read it. Only Gander knew what it meant.

achter elkaar de zin vormen. Niemand die het kon lezen. Alleen Gander wist wat het te betekenen had.

MacGuffin heet het karakter in een film waar het de hele tijd over gaat, maar dat nooit werkelijk aanwezig is. In Ganders werk zitten voortdurend MacGuffins, ook in meer figuurlijke zin. Telkens wordt er naar iets of iemand verwezen die er niet is. Je kunt dit ontwijkende gedrag, dit onthouden van de informatie een provocatie noemen, een poging de toeschouwer te prikkelen, maar Gander gebruikt het ten positieve, als een bruikbaar effect van visuele cultuur. Hij weet dat de toeschouwer in de huidige mediacultuur gewend is gefragmenteerde informatie tot een verhaal te maken, met behulp van een flinke dosis fantasie en associatief vermogen. Gander zet de middelen die de mediacultuur hiertoe biedt optimaal in. Hij verspreidt informatie op alle mogelijke manieren: via de tentoonstelling, de titel bijvoorbeeld, maar ook bijvoorbeeld via deze tekst in deze catalogus van de Prix de Rome. Aan de toeschouwer de taak er een leuk geheel van te maken.

Gander is een ideerijk kunstenaar. De geschiedenissen waarnaar de diverse elementen verwijzen zijn kleurrijk: een fascinerend mengsel van feit en fictie. Voor de Prix de Rome schetst hij een complete geschiedenis van ideeën, dit keer niet vervat in een groot verhaal, maar wel zo samengesteld dat er een waaier van levensfases van het idee uit naar voren komt: van het prille en hoopvolle begin tot de dramatische dood, zonder dat ooit gerealiseerd is wat de bedoeling was. Wat overblijft in geval van Gander zijn gemankeerde residuen die opgewekt een nieuwe invulling aan hun bestaan proberen te geven.

MacGuffin is the name of a character in a film that fulfils a central part in the story, without ever actually appearing in the film. Gander's work is full of MacGuffins, also in a more metaphorical sense. He's always referring to someone who isn't there. You could call this avoidance behaviour, or call this withholding of information a provocation, an attempt to tease the viewer, but Gander uses it positively as a usable effect of visual culture. He knows that in today's media culture, the viewer is used to tying up loose ends, to putting fragments together to make a story. All it takes is imagination and free association. Gander makes full use of the means for this offered by the media culture. He circulates information in every imaginable way – in exhibitions (in the title especially) but also in the text included in this Prix de Rome catalogue. It's up to the viewer to put it all together.

Gander is an inventive artist. The histories to which the various elements refer are colourful – a fascinating fact-fiction fusion. For the Prix de Rome, he sketched an entire history of ideas, this time not bounded by an all-encompassing history, but put together so as to chart the life-cycle of an idea - from a tentative, hopeful birthing to a dramatic death without ever realising what the purpose of it was. In Gander's case, what remains are incomplete residues that bravely try to revive their existence.

Domeniek Ruyters

→
Een incomplete ideeëngeschiedenis

Blue Wall / The Institution of Fly – 14 kg 120 grams blauw fly-posting paper en lijm

Teletekst Unplugged – Een in 2000 gemaakte reproductie van de (zwarte) Brionvega Algol televisie uit 1964; nu voorzien van teletekst. Ontwerp Richard Sapper en Marco Zanuso

Bauhaus Revisited – Bauhaus schaakspel uit 1924 ontworpen door Josef Hartwig, reproductie gemaakt van Zebrano, een niet-duurzaam geproduceerde hardhoutsoort uit de tropische regenwouden van Afrika

The Boy That Always Looked Up – Kinderboek waarin een jongetje die in de schaduw van Tellick Tower (Notting Hill, Londen, 1973) woont en de gebeurtenissen voorafgaand aan de dood van de architect Ernö Goldfinger beschrijft

→
An Incomplete History of Ideas

Blue Wall / The Institution of Fly – 14 kg of 120g Blue-wall backed fly-posting paper and paste

Teletext Unplugged – A 2000 reproduction of a 1964 Brionvega Algol television (black) with new teletext feature, designed by Richard Sapper and Marco Zanuso

Bauhaus Revisited – Bauhaus chess-set from 1924 designed by Josef Hartwig, reproduced in blacklisted Zebrawood from the African rainforest

The Boy That Always Looked Up – Children's storybook, describing the events leading up to the death of the architect Ernö Goldfinger as seen through the eyes of a boy that lives in the shadow of Tellick Tower, built 1973 Notting Hill, London

71

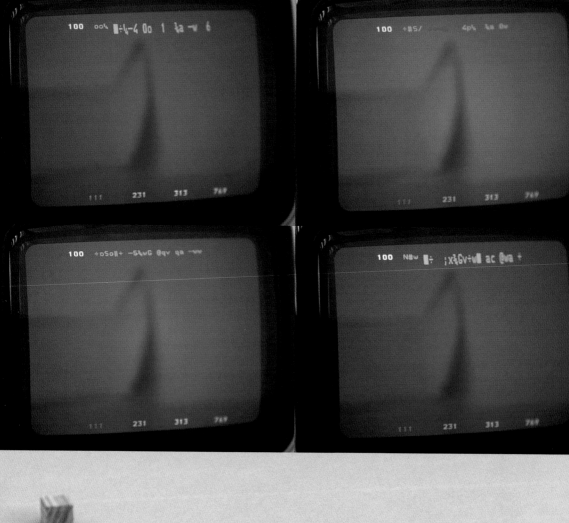

# THE BOY THAT ALWAYS LOOKED UP

Looking Up

"Look, it's the cloud inspector!" a voice shouted. It came
from a group of children sitting on the swings and it was
directed at a boy called Joshua who lay perfectly still, wide
eyed, with his mouth agape on top of the grassy verge in the
park. He was in a world of his own starring into nothing, so
naturally the children being as heartless as they possibly
could, teased him. "What an idiot!", ", they shouted "He looks
like a stuffed dummy!". He could hear them but he ignored it.
Joshua saw things a little bit differently to everyone else. He
walked around his world not with his eyes fixed on the horizon
or looking down at his shoes like most other boys and girls,
but instead he was almost always looking up towards the sky.
It was through no choice of his own, it was just something that
he did instinctively, especially when he got nervous. "Josh,
you've got to start looking where you're going or one day your
going to fall down a big hole", his mum snapped. 'What did she
know?' he thought to himself. She spent all her time watching
daytime television in a big armchair in the corner of the

# Erik Olofsen

Pontificaal in het atelier staat een oude robot. Erik Olofsen heeft het oranje gevaarte onlangs op de kop getikt in een universiteit. Het ding stond al geruime tijd ongebruikt in het depot en Olofsen mocht het gevaarte gratis meenemen. De robot is de ultieme mechanische manipulator. Groot, sterk, machtig, oneindig precies. Hij doet wat jij zegt, maar omgekeerd laat hij jou ook doen wat hij zegt. Het is oppassen geblazen met het apparaat. Voordat je het weet heeft het je in zijn greep.

Olofsen heeft iets met het geheime leven dat in dingen schuilt. Hij is gefascineerd door gene zijde van het bestaan, die doorgaans eerder voelbaar dan zichtbaar is. Die interesse in het unheimische is een oud thema uit de kunst. Een blijvende bron van inspiratie. Denk maar aan de surrealisten. Als er kunstenaars goed waren in tonen van de ziel van de dingen, waren zij dat wel. Olofsen is geen surrealist, maar een gevoel van ongemak bekruipt je wel bij het zien van zijn werk. Een installatie van eind 2002 gaf het goed weer. Olofsen had in de vierkante ruimte een keuken-kastje neergezet met eigenaardige geometrische hoeken en vlakken. Vreemde geluiden klonken eruit op, evenals uit enkele rechthoekige slurven elders in de ruimte. Het gevoel van onbehagen dat je als bezoeker overviel werd alleen maar versterkt met een filmprojectie op een kastje aan de muur, waarop een rijtje pannen te zien was die zachtjes op en neer bewogen. Alsof de wind door een open venster er grip op kreeg.

Hoewel de verschillende elementen waar het geheel uit opgebouwd was heel goed op zichzelf konden staan, was het het samenspel dat maak-te dat de toeschouwer zich onbehaaglijk begon te voelen. Kastje en pannen mochten dan wel alledaagse interieurstukken uit de keuken zijn, maar in deze constellatie met elkaar raakten ze de juiste snaar. Ze begonnen te leven, dirigeerden het publiek door de ruimte, bespeelden het, bedreigden het als waren het volleerde acteurs uit een thriller. De installatie had gevoel voor drama.

Olofsen is zich altijd bewust geweest van dit spel van controleren en gecontroleerd worden. Al jaren maakt hij werk waarin dingen onschadelijk zijn gemaakt, gesloopt, uit elkaar gehaald en verspreid door de ruimte. Tegelijkertijd is hij

An old robot dominates the studio. Erik Olofsen recently got hold of the orange colossus in a university. It had been gathering dust in storage and Olofsen was told he could have it for free. The robot is the ultimate mechanical manipulator. Huge, strong, powerful, and interminably accurate. It does what it's told, but the reverse is true as well – it gets you to obey it. So you'd better watch out with that thing. Before you know it; you're in the grip of the iron man.

Olofsen is attracted by the secret life behind things. Fascinated by its existence – an existence rather felt than seen. This interest in the uncanny is a familiar one in art. A constant source of inspiration. Think of the surrealists. No other artists were as adept in baring the souls of objects. Olofsen might not be a surrealist, but his work is redolent with unease. An installation he created at the end of 2002 is a perfect example. Olofsen had placed a kitchen cupboard with peculiar geometric corners and squares in a square space. Peculiar sounds spill out from the cupboard and from a couple of oblong 'trunks' scattered about. The viewer's sense of discomfort is heightened by a film projected on a wall-mounted cupboard, showing a row of cooking pans softly moving up and down. As though stirred by a breeze entering through an open window.

Although the various elements of the installation could have functioned perfectly well individually, in combination they conspired to make the viewer ill at ease. The cupboard and pans may have been everyday kitchen objects, but in this constellation they became something else. They took on a life of their own, directing the public through the space, playing with the viewers – threatening them almost, like actors in a suspense movie. The installation had a sense of drama.

Olofsen has always consciously played with the game of control (controller/controlled). For years he's been making work in which objects are divested of their power, picked apart and scattered through a space. At the same time he reconstructs things, assembling them and adding new elements. Sometimes

bezig met een reconstructie, zet hij ze in elkaar en voorziet ze van nieuwe elementen. Soms zet hij de objecten ook letterlijk in beweging. Die reconstructies, zoals hij ze noemt, zetten de wereld op afstand en brengen hem tegelijkertijd dichterbij. Eerder al deed hij dat door zijn ruimtevullende installaties niet toegankelijk te maken, maar alleen te fotograferen. Hij beheerste het perspectief op het werk en vernauwde zo het blikveld van de toeschouwer tot precies dat wat hij ook wilde laten zien. En dat terwijl de installaties werkelijk bol stonden van de details, met elk een eigen verhaal, een eigen geschiedenis, een eigen bestaan. Samengevat in een enkel beeld werden de mogelijkheden van duiding gelimiteerd, het verhaal gemanipuleerd, de toeschouwer in zijn blikveld beperkt.

Olofsens werk is een soort tatort. Het zijn beladen plekken, locaties die bevreemden, maar die ook herkenning bieden. De maker gedraagt zich daarbij als de allesbeheersende regisseur. Hij bepaalt de mate van abstractie en herkenning, van vervreemding en beklemming. Hij beheerst het zicht over de ruimte en de routing, toont zich almachtig. Het is een wereld als een uiteengevallen bouwpakket, waarvan de deeltjes in verkeerde volgorde weer bijeengeveegd worden. De werkelijkheid wordt gefragmenteerd, maar in hetzelfde gebaar weer, hoe knullig ook, in eenheid hersteld, als in een groot bezweringsproces van de angsten die eenieder tegenover een versnipperende wereld voelt.

Blijft de vraag of het een succesvolle onderneming is. Of het ding, de wereld, zich gewonnen wil geven en zich geheel en al wil voegen naar de regie van de kunstenaar. Of dat ze uiteindelijk toch het heft in eigen hand gaat nemen en ons begint te dirigeren, precies zoals eerdergenoemde robot in Olofsens atelier. De kunstenaar wacht het met plezier af. Ondanks zijn streven naar controle zal een kunstwerk pas echt geslaagd zijn als het een eigen leven gaat leiden, vol onverwachte verrassingen en wendingen, angsten en projecties. Ook de kunstenaar laat zich wat dat betreft graag verrassen.

Domeniek Ruyters

he literally sets the objects in motion. These reconstructions, as he calls them, keep the world at arms length, yet simultaneously bring it closer. In earlier work, the artist accomplished this by creating space-filling installations that couldn't be entered - he simply photographed them. Olofsen controlled the work's perspective, thereby narrowing the viewer's field of vision to what he wanted to be seen. Yet the installations were bursting with detail, each with its own story, its own history, its own existence. Brought together in a single image, the potential for interpretation is limited, the story manipulated, the viewer's field of view restricted.

Olofsen's works is a kind of Tatort – places heavy with atmosphere, alienating locations that are also familiar. And their maker acts like a sort of all-controlling director, determining the level of abstraction and familiarity, alienation and claustrophobia. The artist holds sway over our view of the space and the routing, proving himself all-mighty. His world resembles a fragmented D-I-Y kit where the parts have been provided in the wrong order. Reality is dislocated but restored to unity in the same gesture, however clumsy, as though in a lengthy exorcism process of the fear we all feel when confronted by a disintegrating world.

But does it work? Does the object, the world, admit defeat and give up its all to the will of the artist? Or does it take control itself, and pull our strings like the robot in Olofsen's studio. The artist awaits the result with pleasure. Despite his battle for control, an art work will only really succeed if it starts to lead a life of its own, full of unexpected surprises and twists and turns, fears and projections. Which take the artist by surprise as much as anyone else.

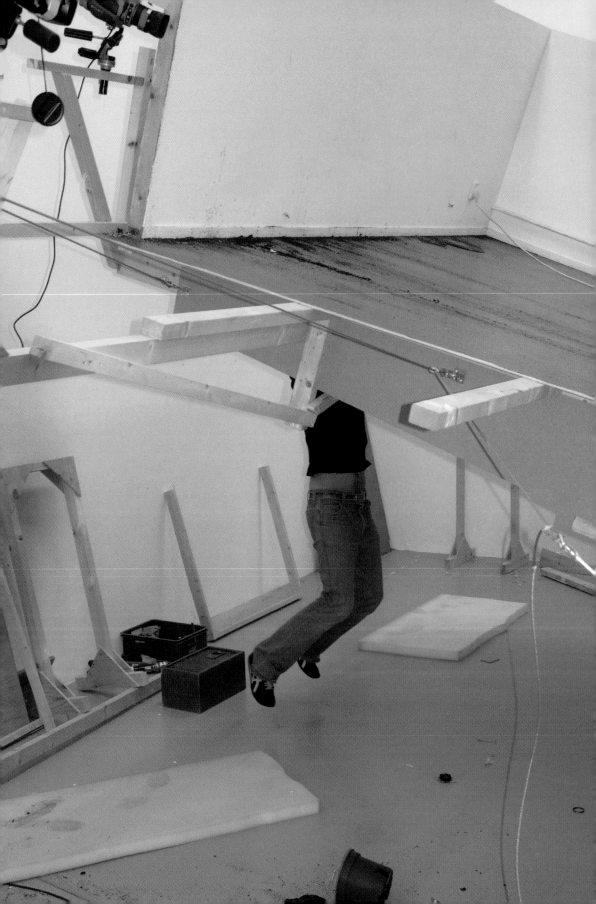

# Helmut Dick

Op de plank in het tijdelijke atelier in de Rijksakademie liggen een paar boeken. Bovenop het
kleine stapeltje ligt de fotobundel *Curious
Moments*. Honderden foto's uit een oud Zweeds
persarchief verbeelden de meest bizarre situaties.
Het is geen toeval dat juist dat boek er ligt.
Helmut Dick grossiert in curious moments. Zijn
kunst zit er vol mee. Korte tijd later kijken we
in het atelier naar een video van een piemel,
waar een gouden boogje op rust. De piemel
wordt langzaam stijf en tilt omhoogkomend de
deksel van een muziekkistje omhoog. Vrolijk
dansend op de tonen van de muziek komt een
fragiel danseresje tevoorschijn. Ze moest eens
weten wat voor fijnzinnig wezen achter het deksel
schuilgaat. Helmut Dick moet er zelf hartelijk
om lachen.

'Even slim als dom', noemt hij zijn werk. Het is
een even bescheiden als zelfingenomen opmerking,
maar, zo blijkt al snel, met een grond van waarheid. Dick windt er geen doekjes om. Hij commu-
niceert direct met zijn kunst. De vorm, het motief
is zonder uitzondering van het grove soort,
brutaal, opzichtig, bijna irritant. De diepere
lading dient zich niet lang na de harde confrontatie aan. Dat kan een subtiel maatschappe-
lijk commentaar zijn, een politieke uitspraak of
een kritisch gebaar. Het kan ook, zoals in het
voornoemde videowerk een meer sociaal statement
zijn. Een dat menselijke verhoudingen aan de
kaak stelt, hoe absurd dat ook is uitgebeeld.
De video's lenen zich er uitstekend voor. Kort,
statementachtig als ze zijn. Niet snel uit het
hoofd te wissen is de video van de piemel die
langzaam druppelend en plassend een koffiezet-
apparaat vult. Het apparaat doet al druppelend
de piemel na door met evenveel horten en stoten
het vocht in gekookte vorm door te geven aan de
cactus die eronder staat. Er zijn mensen die er
misselijk van worden. Anderen lopen ermee weg.

Dick maakt niet alleen video's. Voor de Prix de
Rome is hij geselecteerd dankzij zijn werk in de
openbare ruimte. In de wijk Neuköln liet hij het
gazon van een groot flatgebouw omploegen en
omrasteren, om het vervolgens vol te zetten met
sla. Duizenden stekjes, die in een paar maanden
uitgroeiden tot prachtige volle groene kroppen,
mede dankzij Dicks dagelijkse zorg. De akker is
een formeel gebaar, de letterlijk schaduw van
het betonnen gebouw en daarmee eveneens een

A couple of books are propped on the shelf
of the temporary studio in the Rijksakademie.
The photo book *Curious Moments* lies on top
of the small pile – hundreds of photos of
the most bizarre situations from an old
Swedish press archive. The book's not there
by coincidence. Helmut Dick revels in curious
moments. His art is full of it. A little later
in his studio, we watch a video of a penis
topped by a golded arc. The penis gradually
stiffens, lifting up the lid of a music box.
A fragile ballerina rises up, dancing gaily
to the music. It's as though she's aware of
the sensitive soul behind the lid. Helmut
Dick has to laugh.

'It's as clever as it is stupid' he says of his
work. A comment both modest and conceited
but which rapidly emerges to hold a grin of
truth. Dick makes no bones about it. He
communicates directly with his art. The form,
the motif, is always crude, cheeky, showy,
almost irritating. The deeper message hits
home not long after the initial hard
confrontation. It could be a subtle social
comment, a political statement or critical
gesture. Or even a social statement. One that
tackles human relations, however absurdly
expressed. The videos are an excellent
medium for this. Short and statement-like
as they are. The video of the penis slowly
dripping and peeing into a coffee machine
is hard to forget. The dripping machine
mimics the urinating member, coughing and
spluttering as it passes the boiled fluid on
down to the cactus below. It might make
some people nauseous. Others revel in it.

Dick doesn't just make videos. For the Prix
de Rome he was selected for his work in the
public space. In the Neuköln district, he had
the ground round a large appartment block
ploughed and fenced off, and planted with
lettuce. Thousands of seedlings developed
into beautiful green heads of lettuce thanks
to Dick's daily care. The field was a formal
gesture – the literal shadow of the concrete
building, and thus a social statement. For a
moment, the dull landscaped grounds of the
run-down residential area became a sort of
mirage - the almost 10,000 lettuce heads a
tangible result. Art couldn't give a more

sociaal statement. Even neemt een soort fata morgana bezit van het saaie parklandschap in de achterstandswijk, met ruim 10.000 kroppen sla als het verrassend tastbare resultaat. Directer kan het geschenk van kunst aan de omgeving niet zijn. Dick heeft er honderden omwoners dagenlang op een gratis kropje kunnen vergasten.

Salat is in het Duits een gevleugeld woord. Het wordt gebruikt in gezegdes die op domheid en gekte duiden. Het typeert de zelfspot van Dick. Dick kent zijn plek. Hij speelt de nar, de speelse commentator die door iedereen voor gek gesleten wordt maar tegelijkertijd respect afdwingt met een zeker moreel gezag. Dick wil ontregelen in domeinen die niet behoren tot de beschermde kunstwereld. Zijn werken in de openbaarheid zijn perfecte saboteurs. In sommige gevallen geloof je je ogen niet als je ze ziet. Dick vertelt van de stadsgids uit Hoorn wiens mond openviel toen hij de groene wand zag die Dick had opgetrokken over de complete gevel van een monumentale toren aan het water. Een identiek groene auto stond erlangs geparkeerd, alsof het de eigenaar was. Het was Dicks bizarre commentaar op een stukgerestaureerde stad, die het karakter heeft van een 'opgezette' stad: de buitenkant is blinkend, maar binnenin is alles kapot.

De betekenis van Dicks kunst zit hem vooral in de humor. Er zijn weinig kunstenaars die humor zo onbevangen gebruiken als hij. Het werkt aanstekelijk, zeker in een serieuze wereld als die van de kunst. De lach als cultureel breekijzer. Succes verzekerd.

Domeniek Ruyters

direct gift to its environment. Dick handed out free salad to hundreds of residents for days.

In German, 'salat' is a word with many meanings, used in proverbs that refer to stupidity and idiocy. It's typical of Dick's self-mockery. Dick knows his place. He plays the jester, the playful commentator everyone thinks is crazy, but who commands respect and a certain moral authority. Dick wants to overturn order in areas that don't belong to the protected artworld. His works in the public space are perfect saboteurs. In some cases you can't believe your eyes. Dick tells me about the city guide in Hoorn, whose jaw dropped when he saw the huge green wall Dick had constructed, completely hiding the façade of a monumental historical tower on the quay's edge. An identical green car was park right in front of it, as though marking ownerwship. It was Dick's bizarre comment on a partly restored town that looked more like a film set – the outside is historically perfect, while the historical core has mostly been lost for good.

The meaning of Dick's art lies in its humour. There are few artists who use humour as freely as he. It's infections, certainly in a world as serious as the artworld. Laughter as a cultural crowbar. It's bound for success.

# Folkert de Jong

*The Iceman Cometh* (2001), een installatie in Stedelijk Museum Bureau Amsterdam bestaande uit twee eilanden van blauw isolatieschuim waarop twee beeldengroepen zijn neergezet, vormde de grote doorbraak van Folkert de Jong. Blikvanger is het grootste van de twee eilanden met een manshoog gezelschap, bestaande uit een parade van lieden in uniform, op weg naar (of afkomstig van) het slagveld. Het is een even ijzingwekkend als aandoenlijk beeld. Als bevroren staan de koelblauwe figuren in verschillende, expressieve houdingen: de een klaar om uit te halen, een ander kreupel en voorovergebogen, een derde zwiepend met zijn krukken. Allemaal lijken ze hun best te doen zich los te maken uit de knellende kracht van het purschuim dat de blauwe kunststof panelen bij elkaar houdt. Tevergeefs. Er is geen ontsnappen mogelijk uit het materiaal. En net zo min van het eiland. De naakte vrouw op het andere eiland, die in een halve iglo klaarzit hen te ontvangen blijft een onbereikbaar ideaal. Om wanhopig van te worden.

*The Iceman Cometh* is een sleutelwerk in de nog jonge carrière van de kunstenaar. Het markeert de terugkeer naar een relatief traditionele vorm van beeldhouwkunst na jaren van geëxperimenteer met video, multimedia, installaties en performances. Gedurende enkele jaren was De Jong naarstig op zoek naar de donkere, gewelddadige kant van het bestaan. Via complete ensceneringen met manshoge bouwsels en geluidswerken, probeerde hij greep te krijgen op het leven van psychopaten en moordenaars, van soldaten en agenten. Hij wilde de gewelddadigheid en gruwelijke agressie van het leven doorvoelen, zij het in de enigszins geritualiseerde vorm van de kunst. Het bleek allemaal tevergeefs. Vroeg of laat kwam hij erachter dat zijn pogingen het echte leven tastbaar te maken tot mislukken gedoemd was. De intensiteit van geweld was niet te imiteren, ook al trok hij alles uit de kast, van geluidseffecten tot aan levende figuranten. De complexe ensceneringen en de soms dagen durende performance van hemzelf in dat decor hadden zelfs een averechts effect. Het werden lachwekkende vertoningen die de eigen mislukking nadrukkelijk in zich leken te dragen. Als waren het cartoons.

Tijdens een verblijf aan de Rijksakademie enige jaren geleden had De Jong zich beziggehouden met het uitgraven van een schuilkelder.

*The Iceman Cometh* (2001), an installation in Stedelijk Museum Bureau Amsterdam comprising two islands of blue insulation foam on which two sculptural groups were placed, was Folkert de Jong's big breakthrough. The eye-catcher was the larger of the two islands, with a life-size company or troop of uniformed men on their way to (or from) the battlefield. An image at once macabre and endearing. As though frozen, the cool blue figures are poised in a variety of expressive poses - one ready to strike, another bent double, crippled, a third brandishing his crutches. All seem to be doing their best to escape the claustrophobic clutches of the dried waves of insulation foam gluing the blue plastic panels together. Without success. There is no escaping the material. And no respite from the island. The naked woman on the other isle, waiting to receive them in her semi igloo, is an unattainable ideal. Desperately out of reach.

*The Iceman Cometh* is a key work in the young artist's oeuvre, marking a return to a relatively traditional form of sculpture after years of experimenting with video, multi media, installation and performance. For several years, De Jong pursued a diligent quest for the darker, more violent side of life. With complete 'stage sets' of life-size constructions and sound works, he tried to tap into the lives of psychopaths and murderers, soldiers and secret agents. De Jong wanted to feel life's violence and gruesome aggression for himself, albeit in the somewhat ritualised form of art. But his attempts seemed fruitless. Sooner or later, he realised that his endeavours to make real life tangible were doomed to fail. The intensity of violence was not to be imitated, in spite of his experiments ranging from sound effects to live extras. The complex scenes he set up and the sometimes day-long performances he engaged in within those decors had the opposite effect. They were ludicrous exhibitions that seemed to embody his own failure with an almost cartoon-like quality.

While working at the Rijksakademie some years ago, De Jong spent time digging an air-raid shelter. Garbed in an old army

Gestoken in een oud legeruniform en gedurende lange, koude nachten lezend over Otto Dix, de Duitse kunstenaar die zelf in de Eerste Wereldoorlog heeft meegevochten, probeerde hij de intensiteit van het afschrikwekkende leven in de loopgraven te doorgronden. Nog voor de presentatie ervan, tijdens de Open Ateliers, het jaarlijkse evenement waarop de internationale kunstwereld kennis kan maken met de activiteiten van de deelnemers, besloot hij het over een andere boeg te gooien. Hij maakte een replica van een van de eerste tanken die het slagveld ooit heeft gezien de A7V, bijgenaamd de Schnuck. Beladen symbolen als het Maltezer kruis waren er op geplakt als was het knullige graffiti. Het geheel was net zo goed een grap als een gevaarte. Maar de impact was er niet minder om. De Jong kon tevreden zijn.

De tank was de eerste stap in de richting van meer traditionele sculptuur, die in *The Iceman Cometh* haar meest effectieve gedaante kreeg. De Jong herontdekte de sculpturale figuur als het medium bij uitstek om complexe en heftige emoties uit te beelden. Geen huisjes meer, geen performances en geluidseffecten, gewone sculptuur bleek het antwoord te bieden op zijn streven. Het is sindsdien een vast motief geworden in zijn werk. De Jong heeft geleerd hoe via de menselijke figuur een heel scala van gevoelens uitgedrukt kan worden, van angst tot aan dreiging, van weerloos tot agressief. Met de voortdurende verfijning van het aan de menselijke figuur verbonden mogelijke onderwerpen (van middeleeuwse sculptuur tot het ruiterstandbeeld tot hedendaagse pop-art) is de aloude interesse voor geweld iets naar de achtergrond geschoven, echter nog niet uit het zicht verdwenen. Ook in het werk dat hij voor de Prix de Rome 2003 ontwierp is geweld en macht een wezenlijk facet van het scala aan gevoelens en indrukken die hij ermee probeert te verbeelden.

Domeniek Ruyters

uniform and during long, cold nights reading about Otto Dix, the German artist that fought in the First World War, de Jong tried to plumb the depths of the horrors of trench life. Before presenting the piece during the Open Ateliers, the annual event giving the international art world the chance to get to know the work of the institute's participants, de Jong decided on a different tactic. He constructed a replica of one of the first tanks ever to have seen a battlefield – the A7V, dubbed the Schnuck. Highly charged symbols like the Cross of Malta were stuck on it like so much clumsy graffiti. The end result was as much a joke as a vehicle. But striking nonetheless. De Jong was satisfied.

The tank was the first step in the direction of more traditional sculpture that was seen to great effect in *The Iceman Cometh*. De Jong rediscovered the sculptural figure as the ideal medium for communicating complex, powerful emotions. Now the houses, performances and sound effects were abandoned in favour of more conventional sculpture, which seemed to be the solution he had been seeking. Since then, it has become a permanent line in his work. De Jong has learned how, via the human figure, a gamut of emotions can be expressed from fear to threat, defencelessness to aggression. With constant refining of the topics that could be related to the human figure (from medieval sculpture to mounted horsemen to contemporary pop art), the artist's time-honoured interest in violence has been overshadowed although not totally eclipsed. In the work de Jong created for the Prix de Rome 2003, violence and power are still an essential facet of the range of emotions and impressions he tries to embody in the piece.

Eindronde Kunst en Publieke Ruimte

Final round Art and Public Space

# James Beckett

Het werk van de Zuid-Afrikaanse James Beckett lijkt doortrokken van een recalcitrant cynisme. In zijn laatste jaren aan de kunstacademie in Durban exposeerde hij een aantal letterlijk 'zwarte werken' zoals een complete zwart geverfde huisinventaris, van bed tot draaiende wasmachine en 21 oude jurken in zwarte lak gedoopt die als stijve spoken in een rij in het restaurant van de galerie hingen. Ook de projecten die hij in 2001 en 2002 bij de Rijksakademie maakte ademen een sinistere humor: een kapotgeslagen piano, zijn bedlakens in rottende melk gedoopt, een kinderzitje dat leeggekiept wordt in een afvalemmer. Steeds weer probeert hij het moment te treffen waarop "materiaal en constructies in verval raken en de naakte waarheid wordt onthuld, – de natuur." Met deze agressieve, melodramatische installaties speelt Beckett een sarcastisch spel met onze huidige levenswijze en materialistische cultuur.

Nu, bij het begin van zijn driemaandelijkse werkperiode voor de eindronde van de Prix de Rome Kunst en Publieke Ruimte 2003, wil James afstand nemen van deze, volgens zijn eigen zeggen, "nogal nihilistische en sadistische" werkwijze voordat het een betekenisloze gag wordt. Becketts voorkeur voor de verwerking van gebruikte en vaak op straat gevonden spullen in zijn installaties stamt uit zijn jeugd. Zijn familie heeft namelijk altijd een tweedehandswinkel in allerlei curiosa gehad. Zijn atelier in de Rijksakademie droeg de sporen van alle experimenten die hij met dat materiaal uitvoerde. Dat atelier heeft hij verlaten en in een maagdelijk witte en hoge studioruimte die via een ijzeren buitenwenteltrap is te bereiken, wil hij met een schone lei beginnen aan zijn project voor de Prix de Rome.

Met zijn 25 jaar is James Beckett verreweg de jongste deelnemer aan de eindronde dit jaar. Helder formuleert hij wat hij wil bereiken met zijn kunst, wat hem bezig hield en waar hij nu aan werkt. Van jongs af aan was hij geïnteresseerd in kunst. Zijn grootmoeder is een schilder en ook zijn vader was schilder. En James dus ook. Aan de kunstacademie ontdekte hij de installatie als tijdelijke kunstuiting. Hij breidde dat uit tot het symbolisch construeren van een totale omgeving zoals hij dat met zijn 'zwarte werken' deed: "Het had nooit een directe relatie met het dagelijkse leven, het was meer een vrije vertaling daarvan."

A recalcitrant cynicism seems to resound through the work of the South African James Beckett. During his last years at art school in Durban he showed a number of literally 'black works', like the entire contents of a house – from a bed to fully operational washing machine – that he drenched in black paint, and the 21 old dresses dipped in black varnish, which, like a row of petrified ghosts, hung in a gallery's restaurant. The projects he created at the Rijksakademie in 2001 and 2002 radiate a certain darkness – a battered piano, his sheets dipped in curdled milk and a child's high chair tipped upside-down into a dustbin. Beckett's constant quest is for the moment when "material and constructions begin to decay and reveal a truth, – nature." With these aggressive, melodramatic installations, the artist plays a sarcastic game with our contemporary lifestyle and material culture.

Now, at the start of this three-month working period for the final round of the Prix de Rome Art and Public Space 2003, James wants to distance himself from what, in his own words, is "a pretty nihilistic and sadistic" way of working before it turns into an empty gag. Beckett's preference for creating installations out of used material often found on the street stems from his youth. His family always kept a second-hand shop selling all kinds of curiosa. Beckett's former studio at the Rijksakademie bore the traces of all his experiments with that material, but he left it in favour of a pure white, high-ceilinged workspace reached by a metal spiral staircase – an almost literal clean slate in which to concentrate on his project for the Prix de Rome.

At 25, Beckett is by far the youngest participant in this year's final round, and eloquently expresses his aspirations for his work, his artistic concerns and current project. His interest in art developed as a child – both his grandmother and father were painters, and so was James. At art school installation turned out to be a temporary language which Beckett expanded into the symbolic construction of entire environments such as his 'black pieces'. "It was never a very direct relation to life; it was more like a remote translation."

Na zijn academietijd in Zuid-Afrika wilde Beckett naar Europa. Durban was voor hem in creatief opzicht een frustrerende plaats om te werken. Er is geen podium voor kritische en vernieuwende kunst, zodat hijzelf op zoek moest naar alternatieve ruimtes om werk te maken en te tonen buiten het geijkte kunstparcours. Toch werd zijn werk in Durban gewaardeerd. "Watch this man!", zo eindigde een zeer lovende bespreking van de exposities die hij maakte tijdens zijn academietijd. In 2000 ging James naar Duitsland. Hij heeft een jaar in Berlijn gewerkt waar hij vooral inspiratie opdeed in de popscene. In 2001 werd hij toegelaten tot de Rijksakademie en heeft daar volop genoten van alle vrijheid om te experimenteren.

Waar James Beckett zich nu mee bezighoudt is de vraag hoe met bepaalde vormen van geluid bewustwording van ruimte is te genereren. Dat is een richting waarin hij al eerder had geëxperimenteerd, o.a. met zijn Munttorencompositie, maar waarop hij zich nu wil concentreren. Het gaat Beckett erom "hoe je de omgeving kunt accentueren." "De mensen hoeven het zich niet per se te realiseren. Het is meer iets dat op een onderbewust niveau werkt. En dat is het terrein waarin ik me verder wil verdiepen."

Ina Boiten

After art school in South Africa, Beckett moved to Europe: Durban had become creatively redundant for him, with little more to offer his practice, and no platform for critical, innovative art. In his hometown, this lack forced Becket to search out alternative spaces to make and show work outside the city's established art circuit. Nevertheless, responses to his work were encouraging. "Watch this man!" – were the words of praise ending a laudatory evaluation of the exhibitions he produced during his college years. In 2000, James went to Germany, spending a year in Berlin where his work predominantly drew inspiration from the pop scene. In 2001 he was admitted to the Rijksakademie where he took the opportunity to exploit his freedom to experiment.

In his current work, James Beckett explores ways of using specific kinds of sound to generate an awareness of space. This is no new departure for Beckett, whose early forays into the medium include the Munt Tower Composition, and whose plans include exploring sound more fully. The artist's interest is "to see how you can accentuate the given environment". "The people don't necessarily have to realize it. It's more of a subconscious thing. And that is the kind of level I hope to work more on."

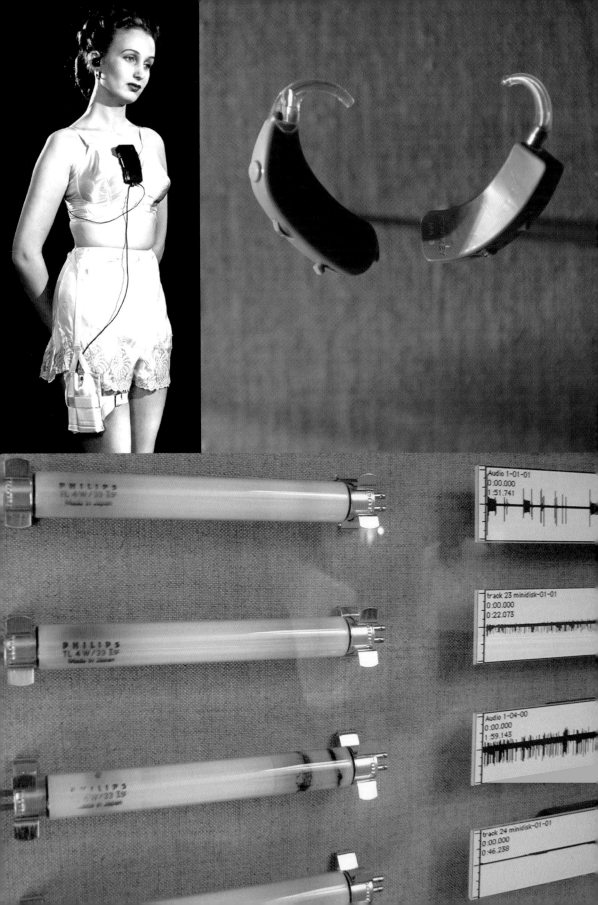

MOTOREN AFZETTEN
GARAGE VERLATEN
IN
NOG 200
PLAATSEN

IN
NOG 200
PLAATSEN

Toccata (It.) (tok-kah'-tah) (touched, from toccare, to touch). (1) A prelude or overture. (2) A brilliant composition resembling somewhat the modern "Etude" for piano or organ.

Todtenmarsch (Ger.) (tote'-ten marsh). Funeral march.

Tonality. Pertaining to the key or scale.

Tonart. Key.

Tondichtung. Tone poem.

Tone. (1) Sound. (2) Quality of sound. (3) Intervals of major second. (4) A Gregorian chant.

Tonkunst. Tone art; music.

Tonic. The keynote of a scale, whether major or minor.

Tonic Chord. The common chord of which the tonic is the root.

Tonic Sol Fa. A system of musical notation in which the syllables doh, ray, me, fah, soh, lah, te, with certain modifications, are used in place of notes, staff, clefs, and all the ordinary characters of musical notation. The Tonic Sol Fa is based on the assumption, amply proved by experience, that the mental association between a succession of sounds and a succession of syllables helps materially to fix the former in the memory. The principle of the Tonic Sol Fa system is as old as the time of Guido; the modern development of it originated with Miss Sarah Ann Glover, of Norwich, England, in 1812, and was perfected by the Rev. John Curwen about thirty years later.

Tonleiter (Ger.). Tone ladder; scale.

Tonstück (Ger.). Tone piece; composition.

Tosto (It.). Quick. Piu tosto, faster.

Touch. (1) The resistance of the keys of the pianoforte or organ. (2) The manner in which a player strikes the keys.

Toujours (Fr.) (tloo-zhoor). Always; as, Toujours piano, always soft.

Tranquillamente (It.). Quietly; composedly.

Tranquillita, con. (It.) With tranquility.

Tranquille (It.). Tranquil; quiet.

Transcription. The arrangement of a vocal composition for an instrument, or of a composition for some instrument for another.

Transition. (1) An abrupt modulation. (2) The connecting passages between the themes of a rondo or sonata.

Trattenuto (It.) (trat-teh-noo'-to). Hold back; retarded.

Trauermarsch (Ger.). Funeral march.

Traurig (Ger.) (trow'-rig). Mournful; sad.

Tre corde. Three strings, used in pianoforte music to signify a release of the una-corda pedal.

Treble. (1) The highest part in vocal music for mixed or female voices. (2) The G clef on second line. (3) The first violin in quartet, and the flute, oboe, and clarionet in the orchestra generally.

Tremando (It.) (treh-man'-do), Tremolando (It.) (treh-mo-lan'-do), Tremole (It.) (treh'-mo-lo). Abbreviation Trem. The rapid reiteration of a note or chord.

Tremoloso (It.) (treh-mo-lo'-so). Tremolously.

Tremulant, Tremolante (It.), Tremblant (Fr.) (trom-blon). A mechanism in the organ that causes the sound to waver.

Très (Fr.) (tray). Very; as Très vite, very fast.

Triad. A chord of three sounds.

Trill, Trillo (It.), Trille (Fr.), Trillen (Ger.). The rapid iteration of the written note and the note above, indicated by the sign. The trill continues to the end of the waved line.

Trio (It.) (tree-o). (1) A composition for three voices or instruments. (2) One of the parts of a minuet or march, etc. The origin of its application is very uncertain.

Triole (Ger.), Triolet (Fr.). A triplet.

Triomphale (tree-om-fal), Triomphant (Fr.) (tri-om-tont), Trionfale (tree-on-fah'-leh) Trionfante (It.) (tree-on-fan'-teh). Triumphant; triumphal.

**The Student's Pronouncing Musical Dictionary (The Frederick Harris Co. 1958)**

Published in London, almost 60 years after Atonality was first conceived, the dictionary fails to contain any concept of dissonance or atonality. This shows to some extent the rigid culture surrounding music and acts as a sign for the years of commercial borders to come.

# Katrin Korfmann

In haar atelier in de Rijksakademie vertelt Katrin Korfmann over haar idee voor de eindronde van de Prix de Rome, de plaatsing van een public cube ergens op Schiphol. Op een gegeven moment staat ze op en geeft een perfecte imitatie van de reizigers op Schiphol: hoe ze zenuwachtig heen en weer lopen, omhoog turen naar de monitoren met vertrektijden en zich dan naar hun pier haasten. Katrin is intens geïnteresseerd in mensen en hun gedrag in de publieke ruimte. De choreografie van het dagelijkse leven is het centrale thema in haar foto's, video's en werken in de publieke ruimte.

Katrin Korfmann heeft zeer weloverwogen gekozen voor de kunst en daarbinnen voor de fotografie. Pas op 24-jarige leeftijd is ze begonnen aan de Kunsthochschule in Berlijn, na eerst talen te hebben gestudeerd. Ze wilde er zeker van zijn dat kunst iets was wat ze haar hele leven zou willen blijven doen. Na deze algemene kunstopleiding heeft Korfmann zich aan de Rietveld Academie in Amsterdam gespecialiseerd in de fotografie. Tijdens deze studie heeft ze een jaar lang Ulay geassisteerd. Hij is een belangrijke inspiratiebron voor haar geweest. Zijn experimentele manier om met het medium fotografie om te gaan heeft haar "een stuk vrijheid gegeven om op een andere manier te werken." Beide aspecten van haar vorming vinden we terug in al haar werk: aan de ene kant een haast academische perfectie, aan de andere kant een grote artistieke inventiviteit.

Zo probeert Katrin Korfmann als fotograaf leven te blazen in het stilstaande beeld door mensen met een lange sluitertijd van twee minuten te portretteren. In haar video's doet zij precies het tegenovergestelde: zij bevriest het bewegende beeld door het in te kaderen. "Fotografisch video", noemt zij dat. Tegen een neutrale onbeweeglijke achtergrond en met een vast camerastandpunt registreert zij de bewegingen en houdingen van het publiek. Met haar projecten in de publieke ruimte, White Wall en Pink Wall, breidde Katrin dit concept uit: de toevallige voorbijganger is de kijker en tegelijkertijd ook de acteur. "Ik wil het publiek erbij betrekken door de mogelijkheid te creëren om tegelijk onderwerp en kijker te zijn. Op die manier probeer ik te focussen op de dunne scheidslijn tussen het objectieve en voyeuristische gezichtspunt" .

In her studio in the Rijksakademie, Katrin Korfmann tells me about her idea for the final round of the Prix de Rome, the placement of a public cube somewhere at Schiphol Airport. Suddenly she stands up and gives a perfect imitation of the travellers at Schiphol – their nervous toing and froing, gazing up at the monitors to check departure times, then hurrying to their pier. Katrin is profoundly interested in people and their behaviour in the public space. The choreography of everyday life is a key theme in her photos, videos and works in the public space.

Katrin Korfmann's decision to study the fine arts, and photography in particular, was very deliberate. Korfmann started the Kunsthochschule in Berlin at 24, after initially studying languages. She had to be sure that she wanted to devote her life and career to the visual arts. After completing this general fine arts course, Korfmann continued her studies at the Rietveld Academie in Amsterdam, specialising in photography. During her study, she worked for a year as Ulay's assistant. He proved an important source of inspiration to the young artist; his experimental approach to photography gave her "the freedom to work in another way." Both aspects of her art training reveal themselves in her work – an almost academic perfection coupled with enormous artistic invention.

As a photographer, Korfmann tried to give still images a certain movement by taking portraits using a two-minute shutter speed. In her videos, she does the exact opposite, freezing the moving image by framing it. Something she calls "photographic video". Against a neutral, still background and using a fixed camera angle, Korfmann registers the public's movements and positions. With her projects in the public space, White Wall and Pink Wall, Katrin expanded this concept: the incidental passer-by is the viewer and actor at the same time: "I want to involve the public by creating the possibility of being subject and voyeur at the same time. Doing this, I try to focus on the thin line between the objective and the voyeuristic point of view"

Het verblijf van Katrin Korfmann aan de Rijksakademie in 2000 en 2001 bood haar de mogelijkheid
om los van opdrachtgevers in de publieke ruimte
te experimenteren. Ze was eerst van plan de
videobeelden die ze maakte op de Zeedijk voor
haar project *White Wall* op de computer van een
neutrale achtergrond te voorzien, maar besloot
toen het project live te maken: haar eerste
fysieke werk in de publieke ruimte. Witte wanden
werden aan weerszijden van de straat geplaatst,
in een van de wanden werd een kijkgat aange-
bracht waardoorheen vanuit een café het dagelijkse va et vient als op een TV-scherm kon worden
gadegeslagen. In 2002 bootste ze op een groot
plein in Turijn met een enorme egaal-rose wand
het bioscoopdoek na. De voorbijgangers fungeerden
als acteurs die op hun beurt weer geobserveerd
werden door andere passanten.

Katrin ziet als een groot voordeel van het werken
in de publieke ruimte het contact met de gewone
mensen: "Je bereikt een publiek dat de kunst
niet verwacht. Daardoor heb je de mogelijkheid
dingen van het gewone leven te 'verschuiven'."
Zij is eigenlijk tegen het maken van publieke
kunst binnen de context van een expositie:
"Als het over de publieke ruimte gaat, moet dat
ook echt als onderwerp gebruikt worden."


Ina Boiten

The artist spent 2000-2001 at the Rijksakademie,
which afforded her the opportunity of
experimenting in the public space without
having to stick to a commission. At first,
Korfmann was planning to manipulate the
backgrounds of the video footage shot at
the Zeedijk for the *White Wall* project, to
render them neutral, but finally decided
the project should be live - her first physical work in the public space. White walls
were placed on both sides of the street; a
hole was made in one of them, acting like a
TV screen, revealing the comings and goings
of the café behind. In 2002 she constructed
a huge pink simulacrum of a cinema screen
on a large square in the city of Turin.
The public became the actors in a 'film',
watched in their turn by other passers by.

For Katrin, one of the great advantages of
working in the public space is making contact
with ordinary people. "You reach a public
that's not expecting to be confronted with
art, which gives you a chance to 'displace'
elements of daily life." Korfmann isn't in
favour of making public art within the context
of an exhibition. "If it's about the public
space, that really should be the subject."

# Natasja Boezem

Natasja Boezem is kennelijk in haar element in haar tijdelijk atelier in de Rijksakademie. Zij heeft haar tafels midden in de hoge ruimte gezet, er is geen computer of laptop te bekennen, een dik notitieboek ligt temidden van foto's en aantekeningen. Ze geniet met volle teugen van haar werkperiode voor de Prix de Rome: "mooi is dat je drie maanden heel geconcentreerd gaat werken, waardoor dus een hele stroom van ideeën ontstaat." Het is moeilijk kiezen welk idee ze zal uitwerken voor de eindronde. De meeste zijn gebaseerd op het syndroom van Stendhal. Natasja was op 15-jarige leeftijd met haar ouders in Florence toen ze hoorde van dit syndroom, genoemd naar de Franse schrijver Stendhal die in de basiliek Santa Croce in Florence zo overmand werd door schoonheid dat hij psychotisch werd. Ze overweegt nu om het geluid in de Santa Croce over te plaatsen naar een lokatie in Amsterdam.

Als je opgroeit als enig kind van beeldend kunstenaar Marinus Boezem en een kunstzinnige Italiaanse moeder ben je niet alleen erfelijk 'belast', maar wordt deze creatieve aanleg ook gevoed door alle mogelijke soorten kunst die als dagelijkse kost worden geserveerd. De hedendaagse kunstmanifestatie Forum die van 1977-1987 door Maria-Rosa Boezem, Natasja's moeder, in Middelburg werd georganiseerd, bracht Natasja in contact met kunstenaars als Daniel Buren en Vito Acconci en stimuleerde naast haar aanleg voor beeldende kunst ook haar belangstelling voor theater en muziek.

In eerste instantie koos zij voor de opleiding theatervormgeving aan de kunstacademie van Tilburg. Zij deed verschillende muziektheaterproducties, o.a. van Xenakis. In 1997 besloot Natasja naar het Sandberg Instituut in Amsterdam te gaan om haar beeldende talent verder te ontwikkelen en zo zegt ze "daar is mijn identiteit als beeldend kunstenaar duidelijk geworden." Ook in dit vrije beeldende werk is haar gevoel voor theater prominent aanwezig. Zoals een theaterpodium van enkele tientallen meters ons een hele wereld voortovert, zo weet zij met simpele middelen de verbeelding zo te stimuleren dat haar publiek op een verlaten fabrieksterrein de vlinders ziet vliegen of denkt dat vanuit een Amsterdams stadsparkje de bus naar Mekka vertrekt.

Natasja Boezem is clearly in her element in her temporary studio at the Rijksakademie. Her tables are ranged in the middle of the high-ceilinged space and there's not a computer or laptop to be seen, just a thick notebook filled with photos and notes. She's enjoying her working period for the Prix de Rome: "the best thing is having three whole months for concentrated working, which generates an entire flow of ideas." Find an idea to focus on in the final round is proving difficult. Most are based on Stendhal's syndrome. At 15, Natasja was on holiday with her parents in Florence when she first heard of this syndrome, named after the French writer Stendhal who, overcome by the beauty of the Santa Croce basilisk in Florence, became psychotic. Boezem is considering taking a recording she made in the Santa Croce and playing it back in a location in Amsterdam.

If you grow up as the only child of an artist (in this case Marinus Boezem) and a creative Italian mother, you're not only congenitally 'burdened' but your talents are nurtured by the variety of art you encounter in everyday life. Through the contemporary art event Forum, organised each year, from 1977-1987 in Middelburg by Maria-Rosa Boezem (Natasja's mother) Natasja met with artists like Daniel Buren and Vito Acconci and developed an interest in theatre and music as well as the visual arts.

Boezem first decided to study theatre design at the art school in Tilburg, when she took part in a number of musical theatre productions including those of Xenakis. In 1997, Natasja was admitted to the MFA programme at the Sandberg Instituut in Amsterdam, where her work was to develop and where "my identity as a visual artist became clear." The visual work she produced there betrayed a strong sense of theatre. One of her projects, the creation of an enormous stage that evoked an entire world before our eyes, is typical of how, with very simple means, Boezem is able to capture the public's imagination, conjuring a vision of butterflies in an abandoned factory terrain, or convincing her 'audience' that the bus leaving from an

Natasja Boezem is van de eindrondedeelnemers Kunst en Publieke Ruimte de enige die al veel ervaring heeft met het werken in de publieke ruimte. Zij gebruikt elementen uit een bepaalde omgeving, vaak geluidsfragmenten, om die "te toetsen aan andere omgevingen." Natasja heeft een speciale voorliefde voor het immateriële en tegelijkertijd sculpturale karakter van geluid. Maar eigenlijk zijn de media die ze gebruikt – naast geluid ook video, installatie en performance – van secundair belang. Zij benut bewust middelen die al in de openbare ruimte aanwezig zijn of logischerwijs daar aanwezig zouden kunnen zijn. Mensen kunnen aan haar werk voorbij lopen zonder het op te merken: "Ik vind het niet belangrijk of mensen het ervaren als kunst of niet." Toch zal haar werk vaak wel de aandacht trekken, want Natasja schuwt niet het gebruik van een pittige dosis ironie in haar werk als extra 'blikopener'. "Pesc-pesc-pesci", de roep van een Italiaanse visboer, klinkt nogal vreemd op het forteiland in de monding van het Noordzeekanaal en het brallerige 'Great Pretender' uit een luidspreker op het dak van een dichtgemetselde en blauw geverfde 'kunst'-bouwkeet verklankt met veel zelfspot een wel erg megalomane kunstenaar.

Verwondering, illusie zijn de thema's waar Natasja Boezem mee werkt om de perceptie van de omgeving te verdiepen. Zij maakt geen kant en klare beelden, waarvan de betekenis al is vastgelegd. Ze wil de mensen imaginaire reizen laten maken, "het sculpturale in het hoofd laten plaatsvinden."

Ina Boiten

Amsterdam city park will transport them to Mecca. Natasja Boezem is the only finalist in Art and Public Space who already has considerable experience working in the discipline. She uses elements from a specific environment, often sound fragments, to "test them out in another situation." Natasja has a particularly fascination for sound's immaterial and simultaneously sculptural quality. But ultimately the media she uses – not just sound but video, installation and performance – are of secondary importance. Boezem deliberately uses means that are either already present in the public space or could very well be found there. Her work could go unnoticed: "It's not important to me whether people experience it as art or not." Nonetheless, Boezem's work will often attract attention because of it's intrinsic irony, something the artist uses as an extra 'eye-opener'. "Pesc-pesc-pesci", the call of an Italian fish vendor, sounds very out of place ringing across the fortress island in the North Sea Canal estuary, while the brash 'Great Pretender' belting out of a loudspeaker on the roof of a nailed-down blue-painted 'art' prefab hut might just be a mocking reference to the artist's own megalomania.

In the hands of Natasja Boezem, wonderment and illusion are used to heighten our perception of our environment. For Boezem, there are no cut and dried images with a hard and fast meaning. Rather, she wants to send us on imaginary voyages, to let "the sculptural take shape within our minds."

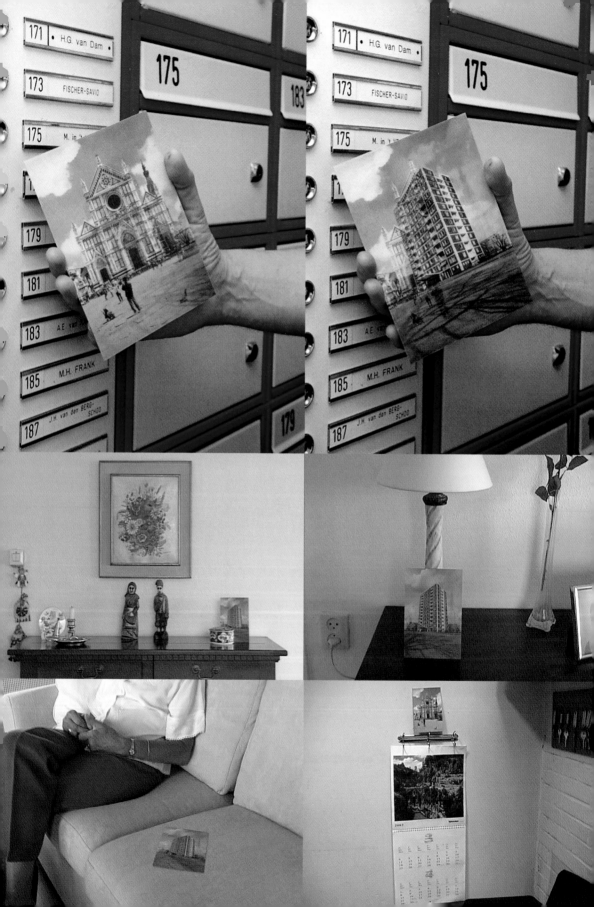

# Tomoko Take

Al jaren is de in Amsterdam wonende Japanse kunstenaar Tomoko Take, naast ander werk, bezig met twee langlopende projecten: *Dutch Wife/Dutch Life* en *Chiko & Toko* (samen met Chikako Watanabe). Zij tast alle mogelijkheden van een onderwerp af en benut daarbij alle kanten van haar veelzijdig kunstenaarschap. Tomoko schrijft, zingt, maakt cartooneske figuurtjes, organiseert performances, etc., etc.

De voornaamste thema's in het werk van Tomoko Take zijn identiteit en communicatie. Als kind maakte Tomoko gedichtjes en schreef verhalen. In haar middelbare schooltijd verwerkte ze die tot theaterproducties. Daarna raakte zij geïnteresseerd in de meer permanente vorm van theater, de film. Aan de kunstacademie van Osaka volgde ze de filmopleiding en in Kyoto, waar ze haar masters haalde, deed ze ervaring op met videokunst en combineerde dat met performance tot video-installaties. Nu vormt performance de hoofdmoot van Tomoko Take's werk. En zij is daar niet kinderachtig in. Heel kunstminnend Nederland shockeerde zij in juni 2002 met haar naakte vrouwen in het Stedelijk Museum Schiedam, een onderdeel van haar *Dutch Wife/Dutch Life*-project.

Na haar studie in Japan kwam Tomoko naar Europa. Een grote handicap was dat zij alleen Japans sprak. In Nederland bleek het mogelijk taalstudie en kunstopleiding te combineren. De werkomstandigheden aan de Rijksakademie, waar zij verbleef van 1997-1998, waren ideaal voor haar. Het was wel even wennen, want in Japan wordt er niet zoveel gediscussieerd als hier: "Ik moest uitleggen wat ik gedaan had en wat ik van plan was te doen en dat was behoorlijk moeilijk in het begin." Maar ze deed er haar voordeel mee: "Ik kwam ook meer over mezelf te weten. Ik leerde hoe te communiceren met mensen." Zij sloot haar tijd aan de Rijksakademie af met de Uriôt-prijs – een prijs voor deelnemers van de Rijksakademie die in hun werk een specifieke leefwereld laten zien en zichtbaar risico's nemen in werkproces.

Take's benadering van kunst is oosters, ondanks haar jarenlange verblijf in Amsterdam. Ze schreef in de toelichting bij haar aanmelding voor de Prix de Rome, dat veel westerse kunstenaars uitgaan van een idee en dat proberen te realiseren. Tomoko ziet kunst als een proces,

The Japanese artist Tomoko Take has lived and worked in Amsterdam for many years. Her current work include two long-term projects: *Dutch Wife/Dutch Life* and *Chiko & Toko* (in collaboration with Chikako Watanabe). She carefully unravels every possible facet of a theme, using every aspect of her versatile practice – writing, singing, drawing cartoon characters, organising performances… the list goes on.

Identity and communication are the predominant themes in Tomoko Take's work. As a child she wrote poems and short stories; at secondary school, she transformed them into theatre productions. This was followed by an interest in film, a more permanent form of theatre. At the art school in Osaka she studied film and in Kyoto, where she gained her MA, she worked with video, using it in combination with performance to create video installations. Now, performance has become the pivot of Take's work, a discipline she has embraced fully, even to the extent of shocking the Dutch art world when she filled the Stedelijk Museum Schiedam with naked women in June 2002, as part of her *Dutch Wife/Dutch Life*-project.

After her study in Japan, Tomoko travelled to Europe, but discovered that her lack of European languages was a considerable handicap. However, the Rijksakademie offered the chance to combine art study with a language course, creating the ideal environment for her to live and work in Amsterdam from 1997-1998. At first, Take was taken aback by the Dutch approach to art education: "I had to explain what I had done and what I was planning to do and that was quite difficult in the beginning." But she soon learned to turn it to her own advantage, "I got to know more about myself. To learn how to communicate with people." Take graduated from the Rijksakademie with the Uriôt Prize, which is awarded to Rijksakademie participants whose work reveals specific social worlds, and who took conspicuous risks in their working process.

Take continues to take an oriental approach to art, despite her years in Amsterdam. In

waarbij gaandeweg veel informatie wordt verwerkt en waarvan de uitkomst dus van te voren niet is te voorspellen. Het curieuze is dat de laatste jaren verschillende Nederlandse kunstenaars juist in de publieke ruimte op dezelfde manier zijn gaan werken.

Van haar beide grote projecten heeft Tomoko Take onderdelen buiten de museale context gepresenteerd. Maar met haar voorstel voor de eindronde van de Prix de Rome, *homelesshome*, een project over en met daklozen, begeeft zij zich voor het eerst in de publieke ruimte van Amsterdam. Wat haar vooral interesseert in dit onderwerp is het sociale systeem rondom de dakloze. In Japan bestaat dergelijke zorg nauwelijks.

Tomoko Take trekt steeds wijdere cirkels om zich heen, zowel wat haar eigen ontwikkeling betreft als het bereik van haar kunst. Startte *Dutch Wife/Dutch Life* bij haar eigen levensgeschiedenis, haar eigen lichaam zelfs, en werkt zij in *Chiko & Toko* met kinderen, haar nieuwe project "is much more about meeting with society." Aan het eind van ons gesprek hebben we het over de moeilijkheid om op korte termijn vergunningen te krijgen voor die onderdelen van *homelesshome* die zich op straat afspelen. Tomoko buigt zich voorover met een ondeugend lachje in haar ogen: "Of ik doe het als een soort performance, zonder vergunning!" Dat is pas echt inbreken in de publieke ruimte.

Ina Boiten

her application for the Prix de Rome, she stated that many Western artists start with an idea and try to realise it, but for her, art is a process in which a wealth of information is processed along the way, and which doesn't have a clearly predictable outcome. It is interesting to see that over the last few years, a number of Dutch artists working in the public space have also adopted this way of working.

Tomoko Take has presented part of her two large projects outside a museum context. But her proposal for the final round of the Prix de Rome, *homelesshome*, a project about and with the homeless, is the artist's first incursion into the public space of Amsterdam. Take's particular interest lies in the social system inhabited by the homeless – a phenomenon rarely (if every) seen in Japan.

Both Tomoko Take's personal development and the scope of her art are moving in ever-widening circles. Where *Dutch Wife/Dutch Life* started out using her own history and even her own body, and where with *Chiko & Toko* she worked with children, her new project "is much more about meeting with society." At the end of our conversation, we discuss the difficulty of obtaining permits for the sections of *homelesshome* that are played out on the street. Tomoko leans forward with a cheeky glint in her eyes: "Or I do it as a sort of performance without permission!" That's a real encroachment on the public space.

---

→
homelesshome project

Het 'homelesshome' project gaat ervan uit dat kleine oplossingen invloed hebben op de grote problemen die de wereld om ons heen vormgeven. Ik ben ervan overtuigd dat het kunstenaarschap een beroep is dat de dingen probeert te bedenken die dicht bij de mens staan en dat dit project een unieke lijn volgt die gebeurtenissen, fenomenen en sociale systemen verwerpt. In plaats daarvan onderzoekt en becommentarieert de meer fundamentele zaken zoals het wezen van de mens en de diepere achtergronden van gebeurtenissen. Dit project heeft voor een groot deel betrekking op de logische consequenties van het ontbreken van een 'thuis' die het gevolg zijn van het leven in een publieke arena.

→
homelesshome project

The homelesshome project is based on the understanding that small solutions can influence big problems and shape/change the world around us. I believe that being an artist is a profession that attempts to conceive things from an area close to the human being and this project follows a unique approach that rejects superficial events, phenomenon, and social systems. Instead questioning and commenting on more fundamental things such as the essence of human beings and deeper aspects of events. This project has an influence for a large part of the logical consequence of the lack of a 'home' as a result of the life in the public arena.

129

Piece of home
Pattern 1
Size: 200 x 160 cm
Material: double fleece


················  Machine sewing line

- - - - - -  Hand sewing (double)
- - - - - -  and cutting out line

- - - - - -  Hand sewing (only upper parts)
- - - - - -  and cutting out line

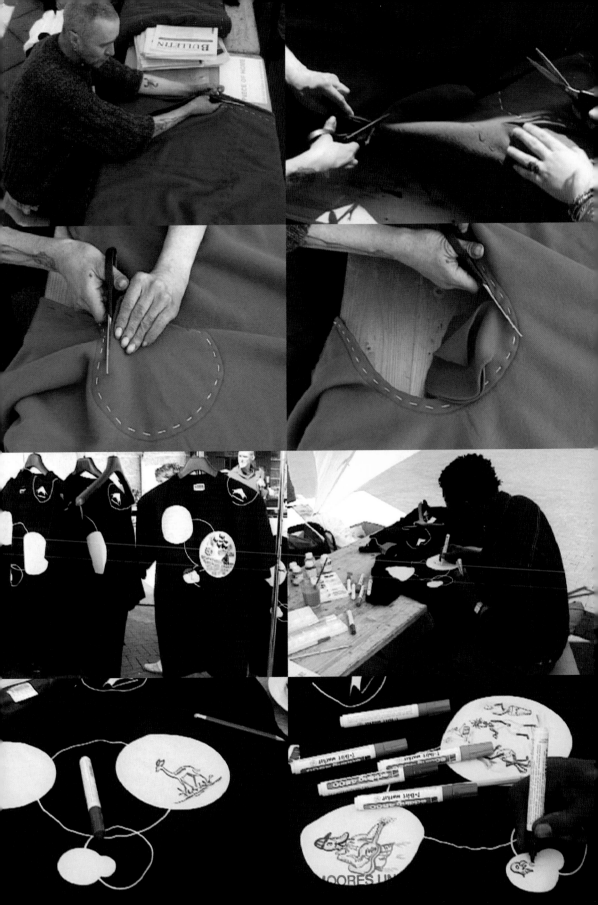

Prix de Rome 2003

## Over de Prix de Rome

De Prix de Rome is de oudste en grootste aanmoedigingsprijs voor jonge kunstenaars en architecten in Nederland (tot 35 jaar). Oorspronkelijk in 1817 – naar Frans voorbeeld – ingevoerd door koning Willem I, werd de prijs in 1870 door koning Willem III vastgelegd bij de wet op de Rijksakademie.

In 1985 is de opzet van de Prix de Rome – gelijktijdig met de reorganisatie van de Rijksakademie – vernieuwd: verhoogd prijzengeld, ruimere mogelijkheden voor deelname, etc. Sindsdien is zowel de betekenis van als de belangstelling voor de Prix de Rome sterk toegenomen; in aantallen en kwaliteit van de deelnemers, én bij de media en de professionele kunstwereld maar ook buiten Nederland.

Ieder jaar worden hiervoor opnieuw de jury's samengesteld, bestaande uit vier internationaal gerespecteerde kunstenaars en een deskundige (tentoonstellingsmaker, criticus, theoreticus).

De Prix de Rome is opgezet als een wedstrijd met elk jaar de volgende elementen:

Een **voorronde** waarin enkele honderden kunstenaars en architecten documentatie inzenden van hun werk (de deelnemersaantallen verschillen per terrein van 600 voor Schilderen tot circa 100 voor Grafiek en Stedenbouw & Landschapsarchitectuur); hieruit selecteren de jury's maximaal vier deelnemers per terrein voor de eindronde, die daarmee zijn genomineerd voor de Prix de Rome.

De **eindronde:** een werkperiode van drie maanden voor de genomineerden, die gebruik kunnen maken van de faciliteiten van de Rijksakademie en een tegemoetkoming in de materiaalkosten ontvangen. Waar nodig en mogelijk worden zij vanuit de Prix de Rome-organisatie ondersteund. Op basis van het nieuwe werk kent de jury de prijzen toe.

Een **tentoonstelling** van het eindrondewerk (o.a. in Foam Amsterdam; Montevideo Amsterdam; Van Nelle fabriek Rotterdam). De opening van de tentoonstelling valt samen met de openbaarmaking van het juryrapport en de officiële prijsuitreiking.

**Officiële prijsuitreiking**. De tentoonstelling en de prijsuitreiking zijn jaarlijks het publicitaire hoogtepunt van de Prix de Rome. Zowel de vakpers als de landelijke en plaatselijke dagbladen besteden doorgaans uitgebreid aandacht aan de prijswinnaars en hun werk (deze is o.a. verricht door Minister E.C. Brinkman, Minister H. d'Ancona, staatssecretaris A. Nuis en R. van der Ploeg).

Een tweetalige **publicatie** (circa 160 p.), met daarin het juryrapport, begeleidende artikelen / discussies van critici / juryleden, een selectie van werk uit de voorronde en de presentatie (in

## About Prix de Rome

The Prix de Rome is the most important incentive prize for young artists and architects (the age limit is 35) awarded by the Dutch state. Originally founded in 1817 by King Willem I – following the French example – the prize was laid down by law in 1870 (Wet op de Rijksakademie) by King Willem III.

By 1985 the structure of the Prix de Rome had become outdated and was radically revised (coinciding with the reorganisation of the Rijksakademie). The prize money was increased, less stringent entry conditions were introduced, and so on. From this point on, the importance of the competition increased considerably, as can be seen by the amount and quality of the entries, and the interest it attracts from the media and professional art world but also internationally.

A new jury is selected annually and comprises four internationally respected artists and one expert (curator, critic, theoretician).

The Prix de Rome was set up as a competition focusing each year on the following:

A **preliminary round** in which hundreds of artists and architects submit documentation of their work (the number of participants differs in each field, ranging from 600 for the Painting category to around 100 for the Graphic Arts and Urban design and Landscape Architecture); the jury selects a maximum of four candidates per discipline for the final round, thereby nominating the four for the Prix de Rome).

The nominees are given a three-month working period in the **final round**. During this time, the nominees can use the facilities of the Rijksakademie and are reimbursed for their material expenses. Where necessary, and if possible, they receive support from the Prix de Rome organisation. The jury awards the prize based on the new work produced.

The final pieces are presented in an **exhibition** (in institutions including Foam Amsterdam, Montevideo Amsterdam, Van Nelle Factory Rotterdam). The exhibition opening coincides with the publication of the jury report and the official presentation of the prize.

**Official prize presentation**. The exhibition and the presentation of the prize are the annual publicity highpoints of the Prix de Rome. Both the art press and the national and regional papers devote attention to the prizewinners and their work (the prize has been awarded by functionaries such as Minister E.C. Brinkman, Minister H. d'Ancona, State Secretary A. Nuis and R. van der Ploeg).

kleur) van het werk van de eindrondedeelnemers (sinds 1992 van Uitgeverij 010, Rotterdam).

De Prix de Rome kent een cyclus van vijf jaar, waarin tien terreinen van de beeldende kunst steeds paarsgewijs aan bod komen:

2003
Beeldhouwen / Kunst en Publieke Ruimte

2004
Tekenen / Grafiek

2005
Schilderen / Theater & Beeldende Kunst

2006
Architectuur / Stedenbouw & Landschaps-architectuur

2007
Fotografie / Film & Video

**Prijzengeld.** Eerste prijs € 20.000, tweede prijs € 10.000, twee basisprijzen van elk € 5.000.

**Financiën.** Het Ministerie van OCenW financiert prijzengelden en organisatiekosten; de Rijksakademie staat garant voor de personeelskosten.

The entire event is marked by a bi-lingual **publication** of around 160 pages containing the jury report, accompanying articles / discussions by critics / jurors, a selection of work from the preliminary round and the presentation (in colour) of the work of the nominees. The book has been published by 010 Publishers, Rotterdam, since 1992.

The Prix de Rome is awarded every five years and covers ten artistic disciplines, adjudicated in pairs:

2003
Sculpture / Art and Public Space

2004
Drawing / Graphic Arts

2005
Painting / Theatre & the Visual Arts

2006
Architecture / Urban Design & Landscape Architecture

2007
Photography / Film & Video

**Prize money.** The first prize is € 20,000, the second prize is € 10,000, and there are two basic prizes, each of € 5,000.

**Finances.** The Ministry of Education, Culture and Welfare finances the prize money and organisational costs; The Rijksakademie guarantees the personnel costs.

# BEELDHOUWEN

*Jury:*
*Stephan Balkenhol, Frans Haks, Mona Hatoum,*
*Mike Nelson, Moniek Toebosch*
*en Janwillem Schrofer (voorzitter)*

# KUNST EN PUBLIEKE RUIMTE

*Jury:*
*Alicia Framis, Antony Gormley, Ken Lum,*
*Narcisse Tordoir, Dirk van Weelden*
*en Janwillem Schrofer (voorzitter)*

**DEELNAME** Is open voor kunstenaars die **ten minste** twee jaar in Nederland wonen en werken en niet ouder zijn dan 35 jaar (geboren op of na 01-01-1967).

**VOORRONDE** Een eerste (anonieme) selectie vindt plaats uitsluitend op basis van documentatie (voor informatie zie website) van bestaand werk. Voor de tweede selectie wordt aan een aantal inzenders gevraagd origineel werk te tonen en een mondelinge toelichting te geven op het plan voor de eventuele werkperiode.

**EINDRONDE** Maximaal vier deelnemers worden toegelaten tot de eindronde, een werkperiode van begin januari t/m eind maart 2003 met gebruik van atelier, technische werkplaatsen etc. Dit werk(proces) geldt voor de eindbeoordeling.

**PRIJZEN** Voor alle eindrondedeelnemers: een werkperiode van drie maanden (inclusief werkbudget), een publicatie, een tentoonstelling en prijzengeld.
- 1e prijs € 20.000,–
- 2e prijs € 10.000,–
- twee basisprijzen van € 5.000,–

**NADERE INLICHTINGEN** Bernie Deekens of Mira Kho, Bureau Prix de Rome, ma t/m do van 10.00 tot 13.00 uur. T: 020-52 70 320/321 E: prix@prixderome.nl W: www.prixderome.nl

**AANMELDING Tot en met 14 oktober 2002** door inzending van het inschrijfformulier, een plan voor de werkperiode en professioneel documentatiemateriaal.
Wedstrijdreglement en inschrijfformulieren downloaden van de website of aanvragen bij Bureau Prix de Rome, p/a **Rijksakademie van beeldende kunsten,** Sarphatistraat 470, 1018 GW Amsterdam.

## www.prixderome.nl

141

## Feiten Prix de Rome Beeldhouwen 2002

110 inschrijvingen

Eerste ronde: 5 en 6 november 2002 op de Rijksakademie van beeldende kunsten, Amsterdam.

Tweede ronde met vijftien kandidaten: 10 december 2002 op de Rijksakademie van beeldende kunsten, Amsterdam.

De jurering van de eindrondedeelnemers: 23 april op de Rijksakademie van beeldende kunsten, Amsterdam.

JURY
Stephan Balkenhol
Frans Haks
Mona Hatoum
Mike Nelson
Moniek Toebosch
Janwillem Schrofer (voorzitter zonder stemrecht)

EINDRONDEDEELNEMERS
eerste prijs: Ryan Gander (1976, Chester, Groot-Brittannië)
tweede prijs: Erik Olofsen (1970, Aalsmeer)
basisprijs: Helmut Dick (1969, Duisdorf, Duitsland)
basisprijs: Folkert de Jong (1972, Alkmaar)

## Feiten over voorgaande Prix de Rome's Beeldhouwen

1987 – Beeldhouwen
142 inschrijvingen

JURY
Eric Claus
Els Hoek
Sigurdur Gudmundson
Niek Kemps
Thom Puckey
Shinkichi Tajiri
Carel Visser

EINDRONDEDEELNEMERS
eerste prijs: Jan van de Pavert
tweede prijs: Berend Strik
basisprijs: Hans van Houwelingen
basisprijs: Hans van Meeuwen

1992 – Beeldhouwen
278 inschrijvingen

JURY
Adam Colton
Irene Drooglever Fortuyn
Franz Kaiser
Carel Visser
Auke de Vries

EINDRONDEDEELNEMERS
eerste prijs: Karin Arink
basisprijs: Tom Claassen
basisprijs: Joep van Lieshout
basisprijs: Marlene Staals

1997 – Beeldhouwen
229 inschrijvingen

JURY
Karin Arink
Ann Veronica Janssens
Niek Kemps
Harald Klingelhöller
Babara Vanderlinden

EINDRONDEDEELNEMERS
eerste prijs: Femke Schaap
tweede prijs: Erzsébet Baerveldt
basisprijs: Úna Henry
basisprijs: Theo van Meerendonk

## Statistieken Beeldhouwen

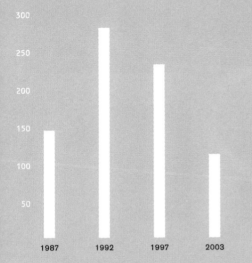

## Aanmeldingen Beeldhouwen naar leeftijd

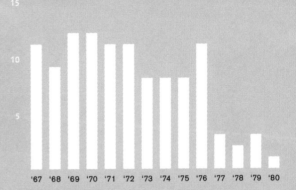

## Woonplaats deelnemers Beeldhouwen

Tweede ronde Beeldhouwen Second round Sculpture 10.12.2002

Eindronde Beeldhouwen Final round Sculpture 23.4.2003

## Feiten Prix de Rome Kunst en Publieke Ruimte 2002

66 inschrijvingen

Eerste ronde: 22 en 23 november 2002 op de Rijksakademie van beeldende kunsten, Amsterdam.

Tweede ronde met twaalf kandidaten: 9 december 2002 op de Rijksakademie van beeldende kunsten, Amsterdam.

Jurering van de eindrondedeelnemers: 15 april 2003 op de Rijksakademie

JURY
Alicia Framis
Antony Gormley
Ken Lum
Narcisse Tordoir
Dirk van Weelden
Janwillem Schrofer (voorzitter zonder stemrecht)

EINDRONDEDEELNEMERS
eerste prijs: James Beckett (1977, Harare, Zimbabwe)
tweede prijs: Katrin Korfmann (1971, Heidelberg, Duitsland)
basisprijs: Natasja Boezem (1968, Leerdam)
basisprijs: Tomoke Take (1970, Osaka, Japan)

## Feiten over voorgaande Prix de Rome's Kunst en Publieke Ruimte

1987 – Gebonden beeldende kunst
49 inschrijvingen

JURY
Jan Hoet
Jan Hoogstad
Jean Leering
Peter Struycken
Moniek Toebosch
Henk Visch
Auke de Vries

EINDRONDEDEELNEMER
eerste prijs en enige: Jan van den Dobbelsteen

1992 – Beeldende Kunst en Openbaarheid
107 inschrijvingen

JURY
Geert Bekaert
Piet Dirkx
Niek Kemps
Hermann Pitz
Henk Visch

EINDRONDEDEELNEMERS
eerste prijs: Suchan Kinoshita
tweede prijs: Mark Manders
basisprijs: Noor de Rooy
basisprijs: Marijke van Warmerdam

1997 – Beeldende Kunst en de Publieke Ruimte
125 inschrijvingen

JURY
Tiong Ang
Saskia Bos
Jan van Grunsven
Sigurdur Gudmundson
Hermann Pitz

EINDRONDEDEELNEMERS
eerste prijs: Alicia Framis
tweede prijs: Erik Weeda
basisprijs: Birthe Leemeijer
basisprijs: Sjaak Langenberg

Statistieken Kunst en Publieke Ruimte

Aanmeldingen Kunst en Publieke Ruimte naar leeftijd

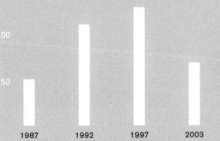

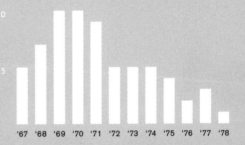

Woonplaats deelnemers Kunst en Publieke Ruimte

149

Tweede ronde Kunst en Publieke Ruimte Second round Art and Public Space 9.12.2002

Eindronde Kunst en Publieke Ruimte Final round Art and Public Space 15.4.2003

# Jury Beeldhouwen

**Stephan Balkenhol** (1957, Duitsland) onderzoekt in zijn werk de geïsoleerde positie van de menselijke figuur, ontdaan van zijn context. Dieren en bloemen vergezellen en benadrukken dikwijls het menselijke figuur. Zijn werken openbaren zijn interesse in fundamentele aspecten van de sculpturale vorm en het materiaal alsmede zijn obsessie met de menselijke vorm ontdaan van alle verhalende en allegorische attributen. Hij werkt veel in opdracht en is vertegenwoordigd in vele museale collecties. Balkenhol studeerde aan de kunstacademie van Hamburg en werkte bij Ulrich Rückriem.

Van alledaagse schijnbaar bij het groot vuil gezette materialen, zoals schrootjes, meubels, tijdschriften en kleding, bouwt **Mike Nelson** (1967, Engeland) grote architectonische installaties die vaak een buitenaardse indruk maken. Zijn werk is vervreemdend. Het desoriënteert. In Coral Reef (2000) wordt de bezoeker meegenomen in een labyrinth van ongastvrije rommelige ruimtes waarin de details verontrusten: een lege slaapzak, een islamitische kalender, een portret van J. F. Kennedy, een kapotgeslagen stoel. Nelson was kandidaat voor de Turnerprize 2001 en nam in datzelfde jaar deel aan de biënnale van Venetië.

Het veelzijdige werk van performance kunstenaar **Moniek Toebosch** (1948, Nederland) is nauwelijks onder een noemer te vangen. Haar werk dwingt de kijker altijd tot nadenken. Zij maakt daarbij veelvuldig gebruik van nieuwe media. Voor haar geboortestad Breda maakte ze afgelopen jaar een interactieve digitale vraagmuur. Daar zoekt zij naar dichterlijke, filosofische, politieke of persoonlijke vragen van de bezoeker. Alleen vragen. Geen antwoorden. "Is het Chouchou die ik in mijn hart vind?" "Heb ik iets gemist gisteren?" De recente vragen zijn te vinden in de openbare ruimte: zowel op internet als aan een gevel in Breda.

**Mona Hatoum** (1952, Libanon / Engeland) breidt de rationele vormentaal, die in de jaren zestig door minimal art gevestigd werd, uit met een traumatische dimensie. Haar beklemmende werk is met associaties geladen. Centrale uitgangspunt in Hatoums werk is het lichaam; in haar vroegere werk gebruikte ze haar eigen lichaam vaak in combinatie met haar sculpturen in acties en video's. Belangrijk is het gelijktijdig werken aan objecten en performances. Haar land van herkomst is belangrijk, maar is niet het thema van haar werk. De kunstenaar woont en werkt in Londen.

Ex-museumdirecteur en tentoonstellingmaker **Frans Haks** (1938, Nederland) studeerde in Utrecht kunstgeschiedenis. Van 1961 tot 1965 was hij conservator van het Aartsbisschoppelijk Museum; later in dezelfde stad, tot 1995,

# Jury Sculpture

**Stephan Balkenhol** (1957, Germany) explores the isolated position of the human figure stripped of its context. Animals and flowers accompany and emphasise the human figure. Balkenhol's work reveals his interest in fundamental aspects of the sculptural form and the material as well as his obsession with the human form de-nuded of all narrative and allegorical attributes. He creates pieces on commission and is represented in many museum collections. Balkenhol graduated from the art school at Hamburg and worked under Ulrich Rückriem.

**Mike Nelson** (1967, England) builds huge architectural installations that often look like alien structures, using nails, furniture, magazines and clothing left out for the bin men. His work is alienating. Disorienting. In Coral Reef (2000) the visitor is drawn into a labyrinth of unwelcoming messy spaces filled with disconcerting details: an empty sleeping bag, a Moslem calendar, a portrait of J. F. Kennedy, and battered chair. Nelson was nominated for the Turner Prize 2001, in which year he also took part in the Venice Biennial.

No single definition captures the divers oeuvre of performance artist **Moniek Toebosch** (1948, the Netherlands). Her work forces the viewer to reflect. Toebosch frequently uses new media and for her birthplace, Breda, the artist created an interactive digital 'question wall'. With the wall she searches for poetic, philosophical, political or personal questions posed by visitors. There are no answers, only questions. "Is it Chouchou I feel in my heart?" "Did I miss something yesterday?" Recent questions asked by the public can be read in the public space – on Internet and on an illuminated news trailer on the gable of a building in Breda.

**Mona Hatoum** (1952, Lebanon / England) adds a traumatic dimension to the rational form language developed by 60s minimal art. Her claustrophobic pieces are loaded with associations. The body is the hub of Hatoum's work; in early work, the artist used her own body, often in combination with her sculptural and video pieces. Simultaneously working on objects and performances plays a crucial part in her practice. Hatoum's native land is significant, but is not a fundamental theme in her work. The artists lives and works in London.

Ex-museum director and exhibition maker, **Frans Haks** (1938, the Netherlands) studied art history in Utrecht. From 1961 to 1965 he was the curator of the Aartsbisschoppelijk Museum, Groningen and later the director

directeur van het Groninger Museum. Op de vraag welke aankopen van dat museum hij achteraf het meest belangrijk vond, antwoordde hij gedreven: "alles is belangrijk". Er is voor hem geen verschil tussen hoge en lage kunst, tussen eenmalig geschilderde meesterwerken en posters in grote oplagen. Alles heeft een betekenis voor de tijd waarin het werd gemaakt. Hij schreef "Calculerende terriër. Logboek van het Groninger Museum van 16-1-'86 tot 31-12-'95" (1995), en "Pissende poes in museumland" (2000).

**Janwillem Schrofer** (1945, Nederland) studeerde organisatie-sociologie aan de Erasmus Universiteit, Rotterdam. Sinds 1983 is hij algemeen directeur en begeleider van de Rijksakademie van beeldende kunsten te Amsterdam en voorzitter (zonder stemrecht) van de jury's Prix de Rome. Schrofer is lid van werkgroepen en commissies waaronder Bijzondere Muntuitgiften (Ministerie van Financiën). Adviezen onder andere aan kunstenaars-initiatieven in binnen- en buitenland, waaronder in Azië, Afrika en Latijns-Amerika.

of the Groninger Museum until 1995. When asked which of the museum's acquisitions he considered most important, he answered: "everything is important". Haks sees no difference between high and low art, between one-off painted masterpieces and posters produced in enormous editions. Everything means something for the time in which it is produced. Haks wrote "Calcule-rende terriër. Logboek van het Groninger Museum van 16-1-'86 tot 31-12-'95" (1995), and "Pissende poes in museumland" (2000).

**Janwillem Schrofer** (1945, the Netherlands) studied organisational sociology at Erasmus University, Rotterdam. Since 1983 he has been the general president and advisor of the Rijksakademie van beeldende kunsten in Amsterdam and chairman (without voting rights) of the jury's Prix de Rome. Schrofer is a member of working groups and commissions including Bijzondere Muntuitgiften (Ministry of Finance). He also acts, among other things, as consultant to artist-led spaces in the Netherlands and abroad, including Asia, Africa and Latin America.

## Jury Kunst en Publieke Ruimte

**Ken Lum** (1953, Canada / China) is sinds 1990 als hoogleraar verbonden aan de Department of Fine Arts aan de University of British Columbia. Doceert daarnaast aan de L'ecole Nationale Superieure des Beaux-Arts (Parijs) en de Akademie der Bildenden Kunst (München). Lum heeft een drukke kunstenaarspraktijk. Hij participeert in vele internationale tentoonstellingen en biennales waaronder Venetië, Johannesburg en Sáo Paulo en publiceert regelmatig in veel toonaangevende internationale tijdschriften en journals (Art & Text, Art Margins, Nka etc.) Al zijn werk betreft de dialectiek van private en publieke constructies over identiteit, ruimte en politiek. Zeer recent heeft Ken Lum gewerkt aan een aantal opdrachten op het gebied van openbare kunst (Public Art), waaronder Wenen, Siena en Leiden met als onderwerp stedelijke politiek. Een van zijn meest bekende projecten is There's No Place Like Home. Ken Lum is vele malen onderscheiden.

**Alicia Framis** (1967, Spanje / Nederland) winnaar van de Prix de Rome 1997, Beeldende Kunst en de Publieke Ruimte, is bij het publiek vooral bekend als maker van sociale sculptuur. Het werk heeft meestal geen vaste (gemateriali-seerde) vorm maar gaat in op het creëren van omstandigheden waaruit ervaringen en / of gebeurtenissen kunnen voortkomen. Zijzelf kan daarin voorkomen – zoals bij Dreamkeeper, waarbij zij gedurende veertig dagen bereikbaar was voor eenzamen in de nacht – alsook dat zij gebruik maakt van andere personen. Het gaat in ieder geval altijd om direct contact tussen mensen, waarbij grootsteedse noden en een-zaamheid vaak het onderwerp zijn.

**Narcisse Tordoir** (1954, België) studeerde aan de Kunstakademie van Antwerpen. Hij is een veelzijdig kunstenaar. Op ieders netvlies staat het ijzeren hekwerk met dagelijkse taferelen dat de toegang tot het Barcelonaplein op het Amsterdamse KNSM eiland markeert. In Nijme-gen maakte hij verwant werk in de openbare ruimte. De relatie tussen verschillende kunst-vormen houdt hem bezig: "Hoe kun je zinvol omgaan met schilderen in deze tijd van beeld-cultuur, wanneer de fotografie veel taken van de schilder heeft overgenomen?"

De Britse beeldhouwer **Antony Gormley** (1950, Engeland) is met zijn latere werk vooral bekend om zijn zogeheten 'field' installaties; velden vol gelijkvormige voor zich uit starende terracotta figuren, 35.000, die een biologerende uitwerking hebben op de toeschouwer. Hij maakt deze beelden vaak samen met (Mexicaanse) families die traditioneel handgebakken stenen maken. Gormley die in 1995 kandidaat was voor de Turnerprize is eveneens de schepper van het grootste beeld in de openbare ruimte van Engeland: Angel of the North, staal, 20 bij 54 meter. Hij heeft in zijn vroege periode vooral

## Jury Art and Public Space

**Ken Lum** (1953, Canada / China) joined the Department of Fine Arts of the University of British Columbia as professor in 1990. He also teaches at the L'ecole Nationale Superieure des Beaux-Arts (Paris) and the Akademie der Bildenden Kunst (Munich). Lum's work is frequently shown in numerous international exhibitions and biennials including Venice, Johannesburg and Sao Paulo. He also publishes regularly in many leading international magazines and journals such as Art & Text, Art Margins, Nka etc. All his work engages with the dialectic of private and public constructions of identity, space and politics. Lum recently completed a number of public art commissions in Vienna, Siena and Leiden that explored urban politics. One of his most well known projects is There's No Place Like Home. Ken Lum has been awarded numerous prizes.

**Alicia Framis** (1967, Spain / the Netherlands), winner of the Prix de Rome 1997 in the category Art and the Public Space, is generally known for her social sculpture. Rather than possessing a permanent (materialised) form, Framis' work creates situations that can give rise to experiences and / or events. The artist sometimes figures in her projects – for instance in Dreamkeeper where she acted as companion to the lonely for forty nights – but also uses other people on occasion. Whatever her approach, Framis' work is about direct interpersonal contact where urban needs and loneliness often play a part.

**Narcisse Tordoir** (1954, Belgium) graduated from the Kunstakademie in Antwerp. He is a multi-facetted artist. His cast iron 'sculpture gate' depicting scenes from daily life that marks the entrance to the Barcelona Square on the KNSM Island is a landmark in Amsterdam. In Nijmegen he created a similar work for the public space. The relationship between different artforms intrigues him: "In today's age of visual culture, how can you meaningfully pursue the discipline of painting when photography has taken over many of the painter's tasks?"

The later work of British sculptor **Antony Gormley** (1950, England) achieved particular prominence with his 'field' installations – fields full of 35,000 similar, blankly-staring terracotta figures that hypnotise the viewer. Gormley often fabricates these figurines with Mexican families who produce traditionally, hand-baked bricks. Nominated for the Turner Prize in 1995, Gormley also created the largest work of public sculpture in the UK: Angel of the North (steel, 20 x 54 meter). In his earlier period, the artist concentrated on casting life-size figures in bronze and

levensgrote figuren gemaakt in brons en andere metalen. Zijn eigen lichaam diende daarbij steeds als model. Gormley heeft gestudeerd aan de Central school of Art, Goldsmith's school of Art en de Slade School. Hij is geboren in Londen waar hij nog steeds woont en werkt.

**Dirk van Weelden** (1957, Nederland), is schrijver en filosoof en waarnemer van maatschappelijke processen. Hij heeft voor het Amsterdams Fonds voor de Kunst observaties gedaan naar de betekenis van de publieke ruimte. Van Weelden treedt regelmatig op in radioprogramma's.

**Janwillem Schrofer** (1945, Nederland) studeerde organisatie-sociologie aan de Erasmus Universiteit, Rotterdam. Sinds 1983 is hij algemeen directeur en begeleider van de Rijksakademie van beeldende kunsten te Amsterdam en voorzitter (zonder stemrecht) van de jury's Prix de Rome. Schrofer is lid van werkgroepen en commissies waaronder Bijzondere Muntuitgiften (Ministerie van Financiën). Adviezen onder andere aan kunstenaarsinitiatieven in binnen- en buitenland, waaronder in Azië, Afrika en Latijns-Amerika.

other metals, often using his own body as the model. Gormley studied at the Central School of Art, Goldsmith's School of Art and the Slade School. He was born in London, where he still lives and works.

**Dirk van Weelden** (1957, the Netherlands), is a writer and philosopher and an observer of social processes. Van Weelden made a series of observations on the meaning of the public space for the Amsterdams Fonds voor de Kunst. Van Weelden regularly appears in radioprograms.

**Janwillem Schrofer** (1945, the Netherlands) studied organisational sociology at Erasmus University, Rotterdam. Since 1983 he has been the general president and advisor of the Rijksakademie van beeldende kunsten in Amsterdam and chairman (without voting rights) of the jury's Prix de Rome. Schrofer is a member of working groups and commissions including Bijzondere Muntuitgiften (Ministry of Finance). He also acts, among other things, as consultant to artist-led spaces in the Netherlands and abroad, including Asia, Africa and Latin America.

# Ryan Gander (1976, Great Britain)

## Education

1999 – 2000
Jan van Eyck Akademie, Maastricht

1996 – 1999
Manchester Metropolitan University,
Manchester

## Residencies/fellowships/stipends

2003
Grizedale Artist in Residence, Cumbria

2002
Arts Council of England, International
Fellowship

2001 – 2002
Rijksakademie van beeldende kunsten,
Amsterdam

2001
Year of the Artist Residency The Lowry,
Manchester

## Award

2003
Prix de Rome Sculpture 2003, 1st prize

## Solo exhibition

2003
Stedelijk Museum Bureau, Amsterdam,
*The Death of Abbé Faria*

2002
The International 3, Manchester, *Mary
Aurory Sorry*
Centre Pasquart, Bienne, *In Return*, in
collaboration with Shahryar Nashat

## Group exhibition

2002
Disused Swiss Military Bunkers, Oberschan,
*Unloaded*

2001
The Oriel Mostyn Gallery, Llandudno, *Open*
Forde Gallery, Geneva, *Record Collection*

2000
Holden Gallery, Manchester, *Square City*
Four By Four Project Space, Amsterdam,
*First show*

1999
NICC, Antwerpen, *Free Space, Forever
Young*
Victoria Mill, Manchester, *High Rising*

## Lecture/teaching

2003
Protoacademy, Edinburgh, *Loose
Associations*

2002
Rijksakademie, Amsterdam, *Open Ateliers,
Loose Associations*
Sheffield Hallamshire University
Leeds Metropolitan University
Rietveld Academie, Amsterdam

## Publication and contribution by
the artist

2003
*The Boy that always looked up*,
illustrated by Sara de Bondt
*Appendix*, with Stuart Bailey, Artimo,
Amsterdam

2002
*In a language you don't understand*,
with Sara De Bondt, Manchester
*The Man*, Dot dot dot Magazine
Everything Magazine

2001
*Issues*, Jan van Eyck Editions
*On Roleplay*, Dot dot dot Magazine

## Review

2003
*Tubelight*, nr. 26, Roos Gortzak
*Stedelijk Museum Bureau Amsterdam
Newsletter*, Matthew Higgs
*Stedelijk Museum Bulletin*, march, Jelle
Bouwhuis

2002
*Untitled Magazine*, Mira Swain
*Flux Magazine*, Mick Robertson

2001
*Tubelight*, Arne Henderickx
*Ruimte te Gebruiken*, Franziska Lesak

2000
*Unfortunately last Sunday...*, Museum Het
Domein

*...and Knuts mountain bike*, Museum Het
Domein

# Erik Olofsen (1970, NL)

## Education

1994 – 1998
Gerrit Rietveld Academie, Amsterdam

## Residencies/fellowships/stipends

2002 – 2003
Rijksakademie van beeldende kunsten, amsterdam

2000 – 2001
Fonds BKVB, Startstipendium

## Award

2003
Prix de Rome Sculpture 2003, 2nd prize

## Solo exhibition

2001
Het Torentje, Almelo, *On speaking terms*
De Loge, Haarlem, *hotspot*

2000
Ripperdapark 12, Haarlem, *Exploding views*

1999
Galerie Oele, Amsterdam, *Nieuwe werken*

1998
Filmstad, Den Haag, *Gloednieuw Paradijs*

## Group exhibition

2002
Arti et Amicitiae, Amsterdam,
*Non-members only*, curated by Jan Maarten Voskuil
De Vishal, Haarlem, *Ondieptes*
Steigereiland Noord, IJburg, Amsterdam, *Land*

2001
Arti et Amicitiae, Amsterdam, *Zo 0 Skoop*
Room, Den Haag, *Exploring room*

2000
Theater Zeebelt, Den Haag, *Antihelden*

1999
Niggendijker, Groningen, *Dat kan ik ook*

1998
Osnabrück, *Kultur als neue Natur*
Gerrit Rietveld Academie, Amsterdam,
*Eindexamententoonstelling 98*
Florijn, Amsterdam, *Gewapend Behang*
Galerie Sign, Groningen, *10 jaar Sign*

## Publication

1998
*10 jaar Sign*, publication Galerie Sign,
Groningen

## Catalogue

1999
*FILMBLIK #98*, publication Filmstad,
Den Haag

1998
*Kultur als neue Natur*, Osnabrück
*Gewapend Behang*, publication Gerrit
Rietveld Academie, Amsterdam

## Review

2000
*Haarlems Dagblad, Tentoonstelling van Compromissen*

1999
*Galeriebericht*, Galerie Oele, Amsterdam

## Collection

2000
Stichting Cadre, Amsterdam, *White Noise,
triptich*, Mr. F. Becht
Stichting Cadre, Amsterdam, *Exploded
view*, Mr. F. Becht

1998
Hermes Advocaten BV, Tilburg, *White Noise*

## Other

2002
Skoki, PL, *Artist as Ideologist/ Artist as
Observer/ Artist as Creator/ Artist as
Shaman/ Artist as Social Worker/ Artist
as Egocentric/ Artist as Alchemist/ Artist
as Anarchist/ Artist as Businessman/
Artist as Manager/ Artist as Critic/ Artist
as Clown*, initiated by Jaroslaw Kozlowski,
in collaboration with Hermann Pitz

# Helmut Dick (1969, Germany)

## Education

1999 – 2001
Sandberg Instituut, *Master of fine arts*,
Amsterdam

1996 – 1999
Gerrit Rietveld Academie, Free Media
Department, Amsterdam

## Stipends

2002
Fonds BKVB, Startstipendium

## Awards

2003
Prix de Rome Sculpture 2003, basic prize

2001
Nomination *one minute award 2001*

2000
Nomination *one minute award 2000*

1999
Generale Prijs of the Free Media
Department, Gerrit Rietveld Academie,
Amsterdam

## Group Exhibition (selection)

2003
CBK Nijmegen, *Real* (catalog)

2002
Consortium, Amsterdam, *Duel-Dual*
Galeria Albert, Kraków, Poland, *Homeless*
Centraal Museum, Utrecht, *De biënnale
van de een minuten* (catalog)
Lokaal 01, Antwerpen, Belgium, *Viewfinder*

2001
Stedelijk Museum, Amsterdam, *Museum N8*
Kyoto Art Center, Japan, *Kyoto x
Amsterdam – New directions* (catalog)

2000
Niggendijker, Groningen, *Uitgezocht*
Kunstruimte, Kampen, *Gezien*
De Gele Rijder, Arnhem, *Kunst is Fun*
together with Peter Bogers
Arti en Amicitiae, Amsterdam, *Zoveel –
10 jaar Sandberg Instituut*
Montevideo, Nederlands Instituut voor
Mediakunst, Amsterdam, *Move it*

## Filmfestival

2002
Haags Filmhuis, Den Haag, *Filmstad Pek
2002* (catalog)
Buro beeldende Kunst, Vlissingen, *Film
by the Sea – de een Minuten
International Shortfilmfestival
Hamburg*, Germany (catalog)

2001
Centraal Museum, Utrecht, *Impakt Festival*

## Commission

2002
In the scope of *Upstream, The Green Car*,
Hoorn and Amsterdam (website, catalog)
In the scope of *Pionèri con tutti, The
Doves*, Hoofddorp (website, catalog)

2001
In the scope of *Areale Neukölln*, Neukölln,
Berlin, Germany: *Saladfield as big as a
sky-scraper building* (website, catalog)
In the scope of *Verbindingen*, Amsterdam,
*The sheep and the 13th floor* (catalog)

## Lecture

2003
Gerrit Rietveld Academie, Amsterdam,
*De zakelijke kant – Art in the Public Space*

2002
Schnittraum, Cologne, Germany, *Tonight*

2001
KunstRAI, Amsterdam, Symposium *Het
kunstklimaat aan de Zuidas*
Museum Folkwang, Essen, Germany,
Symposium *Neue Werkstrategien*

## Publication (selection)

2002
*Noord-Hollands Dagblad*, Henk de Weerd
*Metropolis M*, Jellichje Reinders
*Utrechts Dagblad*, Thea Figee
*Het Parool*, Arjan Reinders
*NRC Handelsblad*, Sandra Smallenburg

2001
*Berliner Zeitung*, Stefan Strauss
*Der Tagesspiegel*, Tanja Buntrock
*Berliner Morgenpost*, Stephanie Reisinger
*Die Tageszeitung*, Katrin Bettina Müller
*Het Parool*, Bart Krieger

## Television/internet/radio (selection)

2003
Canal+ bought broadcasting rights for
France and different countrys in Africa:
videoworks *Ballerina, Coffee-machine,
Sundayafternoon*

2002
NPS: *Avond van de korte film*
AT 5 and TV Noord Holland: interview
and report *The doves*

2001
AT5 nieuws, Amsterdam, interview and
report *The sheep and the 13th floor*,
SFB Abendschau, Berlin TV Nachrichten
and SFB Kulturtips, Berlin: interview and
report *Saladfield as big as a sky-scraper
building*
NPS, website for short films: videowork
*Ballerina 2000*
RTL 5, parts of videoworks and interview
in *Remi praat laat*
VARA, parts of video works and interview
in *ff wat anders*
Radio SFB and Radio 100, Germany:
interview and report *Saladfield as big
as a sky-scraper building*

more information: www.helmutdick.de

## Folkert de Jong (1972, NL)

### Education

1992 – 1996
Hogeschool v/d Kunsten, Amsterdam

### Residencies/fellowships/stipends

2003
Kunst en Complex Residence, Rotterdam

2002 – 2003
Fonds BKVB, Basisstipendium

2002
USF-Residence, Bergen, Noorwegen
Fonds BKVB, Projectsubsidie

2000 – 2001
Fonds BKVB, Basisstipendium

2001
Eric Philips Residencies, Montreuil, Parijs

2000
R.A.I.N. project, Bombay, India

1998 – 1999
Rijksakademie van beeldende kunsten,
Amsterdam

### Award

2003
Prix de Rome Sculpture 2003, basic prize

2002
Charlotte Köhlerprijs

### Solo exhibition

2002
USF-Bergen, Noorwegen, *Meet me and
Mister Beefy*
Playstation Galerie Fons Welters,
Amsterdam, *Marlin says...*

2001
Stedelijk Museum Bureau, Amsterdam,
*The Iceman Cometh*

2000
Kabinetten van de Vleeshal, Middelburg,
*The Ilemauzar*

1999
De Verschijning, Tilburg

### Group exhibition

2002
Centrum Beeldende Kunst, Dordrecht,
*Aankopen 2002*
Centrum Beeldende Kunst, Dordrecht,
*Proeftuin*
Playstation Galerie Fons Welters,
Amsterdam, *Tekeningen*
TENT, Rotterdam, *The Centenarian*
Groninger Museum, Groningen,
*Stroomversnelling*

2001
De Fabriek, Eindhoven, *Alien workshop*

2000
Chemould Galerie, Bombay, India

1999
Consortium, Amsterdam
Rijksakademie, Amsterdam, *Open Ateliers*

1998
Rijksakademie, Amsterdam, *Open Ateliers*

### Publication (selection)

2002
*By avis*, Stina Kildedal
*Proeftuin Dordrecht*, Herman Pitz
*Sculpture Magazine USA*, Mark Price

2001
*Nieuwsbrief Stedelijk Museum Bureau
Amsterdam*, David Stroband
*Metropolis M*, Maxine Kopsa
*Het Parool*, Kees Keijer

2000
*Het Parool*
*BN-De Stem*
*PZC*

### Collection

2002
CBK Dordrecht

# James Beckett (1977, Zimbabwe)

## Education

1996 – 1999
Technikon Natal, BAFA (degree), South Africa

## Residencies/fellowships/stipends

2002
National Arts Council, Johannesburg

2001 – 2002
Rijksakademie van beeldende kunsten, Amsterdam

2001
Ernest Oppenheimer Memorial Trust, Johannesburg

## Award

2003
Prix de Rome Art and Public Space 2003, 1st prize

1999
Emma-Smith overseas art scholarship, November, Durban

1998
Pavillion *Arts Alive*, painting competition, September, Durban

## Solo exhibition

2002
Plus, Dusseldorf, *Extract arrangements*

1999
Shaka Zulu, Durban, *Aviary*

1999
Natal Society of Arts, Durban, *Home*
The Yard, London, Photography exhibition
Natal Society of Arts/ Palmer street studios, Durban, *Breathing Space*

## Group exhibition

2002
Centre for contemporary European Art, Xiamen, China, *Rendezvous*
Documenta, Kassel, collaboration Narcisse Tordoir/Meschac Gaba, Doula, Cameroon, *Bessengue City*, radio station project
Spar Kassa, Dusseldorf, *Filiale Afrika*
Cucosa Contemporary Art Space, Rotterdam, *Noise of Coincedence*
Outline project Space, Amsterdam, *A Haunted house of Art*

2001
Rijksakademie, Amsterdam, *Open Ateliers*
Stichting V/H de Gemeente Leeuwarden, *Home Made*
Karl Hofer Society, Berlin, Khwezi Gule, Robin Rhode
Centre Soeleil d'Afrique, Bamako, Mali, *CLICK*
Las Palmas, Rotterdam, *Adrift*

2000
Natal Society of Arts, Durban, *Pulse*, R.A.I.N.

1999
Natal Tech. Civic Centre, Johannesburg, *Graduates of Natal Tech. Civic Centre*

1998
Palmer Street Studios, Durban, *Black and Blue*
NSA, Durban, Architecture group show
Durban National Gallery, Durban, *Mickey*, Performance
NSA, Durban, *Passages*
Durban National Gallery, Durban, Group Installation Exhibition

1997
Durban, *Thirty Seven Songs*
Bat Centre, Durban, *Stel Hotten Totten Ten Ten Toon*, collaboration with Sandberg Institute

## Lecture

2002
*International Art Practice*, Alliance Francais, Yaoundé, Cameroon

2001
*Pulse*, R.A.I.N. project, Rijksakademie van beeldende kunsten, Amsterdam

## Publication

2001
*Home Made*, Stichting V/H de Gemeente Leeuwarden

2000
*Pulse*, R.A.I.N. project and exhibition

1999
Volkas Atelier, South Africa

## Manifestation

2003
Concert, Nederlands Architecture Institute, Rotterdam

2002
Stubnitz.nl/NDSM-WERF, with Marijn Korff de Gidts, Amsterdam
*Mantra for Motors*, concert Rijksakademie van beeldende kunsten, Amsterdam
*Muntplein Composition*, concert Muntplein, Amsterdam

1999
*Salt*, performance, Durban
*Mickey*, performance, Piccadilly circus, London
*Blanc product*, Video performance, Durban

## Other

1998
Committee member Red Eye arts initiative, Durban
Co-curator Palmer Street Studios, Durban

1997
Curator, *Thirty-Seven Songs* (art, fashion, jewellery and design of 37 young artists), Durban

# Katrin Korfmann (1971, Germany)

## Education

1996 – 1999
Rietveld Akademie, Amsterdam

1997 – 1998
Assistant to Ulay (Uwe F. Laysiepen)

1995 – 1996
Kunsthochschule Berlin

## Residencies/fellowships/stipends

2002
Fonds BKVB, Grant

2001
Robert Bosch Stiftung, Grant

2000 – 2001
Rijksakademie van beeldende kunsten,
Amsterdam

2000
Stiftung Würth, Grant

## Award

2003
Prix de Rome Art and Public Space 2003,
2nd prize

2000
Mama Cash Award

1999
Esther Kroon Award

## Solo exhibition

2003
Art Affairs Gallery, Amsterdam, *art spaces*

2001
Galeria 44, Barcelona, *viewing the viewer*
Art Affairs Gallery, Amsterdam,
*counter-strike*
Plus e.V., Düsseldorf, *Cucina Mobile*

2000
Zeedijk, Amsterdam, *White Wall Project*

## Group exhibition (selection)

2003
Fundation Centro Ordonez Falcon de
Fotografia, San Sebastian
Art Brussel, *one man show*, with Art Affairs
Arco, Madrid, Presentation by Galeria 44

2002
Frankfurter Kunstverein, Frankfurt am
Main, *Non Places*
Smart Project Space, Amsterdam,
*Thresholding*
W139, Amsterdam, *Cucina Mobile*, with
R.Sakoun
Int. Biennale of Young Art, Torino,
*Big Torino*
Art Cologne, Cologne, Presentation by
Art Affairs Gallery
Van Zoetendaal Gallery, Amsterdam,
*Esther Kroon Prijs*
Art Affairs Gallery, Amsterdam, *Faces
Chosen*
Gemeentemuseum Den Haag, *Portretten
uit de collectie van Zoetendaal*
ARCO 2002, Madrid, Presentation by
Galeria 44
Irvine Fine Arts Center, Los Angeles,
*Out of the Digital Domain*

2001
Rijksakademie, Amsterdam, *Open
Ateliers*
CCCB, Barcelona, *eme3 Dencity*
Zu tun in B., Cologne, *appearing live*
Art Cologne, Cologne, Presentation by
Art Affairs Gallery
Museum Ludwig, Cologne,
*Plus.Quam.Perfekt*
Art Affairs Gallery, *The Body's
Performance*, Amsterdam
ARCO 2000, Madrid, Presentation by
Galeria 44
Bagagehal Loods 6, Amsterdam, *She
Shows*, Mama Cash Award

2000
Rijksakademie, Amsterdam, *Open Ateliers*
Galeria 44, Barcelona, *Illusions*
Projectroom Rijksakademie, Amsterdam,
*Live Portraits*
Gallery Objektiv, Cologne

## Lecture

2002
Minerva Academie, Groningen

2001
Cittadelarte Fondazione Pistoletto,
Biella

## Commission

2003
Fundation Centro Ordonez Falcon de
Fotografia, San Sebastian

## Collection (selection)

2003
Fundation Centro Ordonez Falcon de
Fotografia

2002
European Patent Office
van Zoetendaal Collection

2000
Stiftung Wuerth

1999
Robert Bosch Stiftung

## Television

2001-2002
PARK TV

# Natasja Boezem (1968, NL)

## Education

1997 – 1999
Sandberg Instituut, afdeling Autonoom,
Amsterdam

1992 – 1994
Universiteit van Amsterdam,
Theaterwetenschappen

1987 – 1992
Academie voor Beeldende Vorming, afd.
Theatervormgeving, Tilburg

1991
Operastage at the operahouse of
Monte-Carlo, Monaco

## Stipends

2002
Fonds BKVB, basisbeurs

1998
Park of the Future, projectsubsidy

1998
Middelburg, projectsubsidy

1997
Mama Cash, projectsubsidy

1994
Province Zeeland, documentationsubsidy

## Award

2003
Prix de Rome Art and Public Space 2003,
basic prize

1992
Stimuleringsprijs Gemeente Tilburg,
nomination

## Solo exhibition

2000
Safe, Dalfsen, *De Verwonderaar*,
a collaboration with Esther Bruggink.

1999
Campus Vrije Universiteit, Amsterdam,
*"Pesc-Pesc-Pesci!"*

## Group exhibition

2002
Sculptures monumentales Bordeaux, France
Arti et Amicitea, Amsterdam, *De vrienden van*

2001
Sculptures Monumentales Avenue Foche,
Le Havre
Las Palmas, Rotterdam, *A Drift*

2000
Kunstvereniging Diepenheim, *10 jaar
Kunstvereniging Diepenheim*
FORT LUX, exhibition on an island
before the coast of IJmuiden
Von Gimborn Arboretum Doorn, *Tuin van
Verbeelding*, organized by University Utrecht
Arti et Amicitea, Amsterdam, *Sandberg Zoveel*
Artis, Den Bosch, *Zeelands Roem*

1999
Westergasfabriekterrein, Amsterdam,
*De Kunstvlaai*
Westergasfabriekterrein, Amsterdam,
*Park of the Future*

1998
S3, Nagele, *Little houses x-large and
x-small*
Westergasfabriekterrein, Amsterdam,
*De Kunstvlaai*

1997
Siegerpark, Amsterdam, *Lourdes*, organized
by Amsterdams Fonds voor de Kunst,
city of Amsterdam, Sandberg Instituut

1996
Vlissingen, Middelburg, Goes, *CARAVA(A)N*,
organized by De Vleeshal Middelburg,
Galerie van den Berge, Goes, *Trechter 5*
De Watertoren, Vlissingen, *De Selektie 1*

1992
Nederlands Textielmuseum, Tilburg, ST(ART)

## Lecture/secondary occupation

2000
Academie voor Kunst en Vormgeving,
Den Bosch

1999 –
Teacher at Van Goghmuseum, Rijksmuseum
and Stedelijk Museum, Amsterdam

1999
Academie voor Kunst en Vormgeving,
Den Bosch
Lecture at the Academie voor Beeldende
Vorming, Tilburg

## Publication

2002
*De Verenigde Sandbergen*, Nell Donkers

1999
*De Volkskrant*, Lucette Terborg
*De Verenigde Sandbergen*, Lex ter Braak
*Kunstbeeld*, Saskia Monshouwer
*Qep*, Karin Karsten.

## Commission

2003
*DEN HAAG SCULPTUUR*, Den Haag

2001
Programmaraad Beeldende Kunst ZUIDAS
AMSTERDAM, Proposals for art in the
Zuidas area.

2000
Veemvloer, Amsterdam, Sound-and VJ
project with a primary school in
Amsterdam. In connection with the
exhibition VRIJPLAATS, collaboration
with Frank Stassar.
Stichting Krater, Amsterdam, Sound project
at a primary school, Bijlmermeer, Amsterdam
Stichting Nieuwe Muziek, Middelburg,
Poster for Bach-festival

1999
VPRO television, directing and making
of 4 short films, broadcasted on Dutch
television
St Agneskerk, Amsterdam, installation
on a churchtower
Galerietunnel, Haarlem, Soundproject

## Catalogue

2002
*Les Quais de la sculpture*, several writers

2001
*Sculptures avenue Foch*, several writers

2000
*Tuin van Verbeelding*, Hestia Bavelaar
and Adi Martis

1999
*Park of the Future*, Tineke Reijnders
and others

1996
*De Selektie*, several writers

## Collection

2000
Kunstvereniging Diepenheim, permanent
loan (and show) of installation

# Tomoko Take (1970, Japan)

## Education

1994 – 1996
Kyoto City University of Arts (M.F.A.), Kyoto

1989 – 1994
Osaka University of Arts (B.F.A. and Research), Osaka

## Residencies/fellowships/stipends

2003
Apartment project, Ruangrupa and public space, Jakarta

1997 – 1998
Rijksakademie van beeldende kunsten, Amsterdam

2003
Fonds BKVB, Projectsubsidy
Pola art foundation, Tokyo
Prins Bernhard Cultuurfonds, Amsterdam

## Award

2003
Prix de Rome Art and Public Space 2003, basic prize

1998
Uriot prize, Rijksakademie van beeldende kunsten, Amsterdam

## Exhibition/screening/performance (selection of 1999 – 2003)

Chiko & Toko Project (art unit with Chikako Watanabe)

### Solo Exhibition

2002
Stedelijk Museum Schiedam, Schiedam, *Dutch wife/Dutch life*

2000
Stedelijk Museum Bureau, Amsterdam (Chiko & Toko Project), *Chiko & Toko Cooking!*

1999
Window Gallery, Antwerp, *Dutch wife/ Dutch life Project*

### Group exhibition

2003
Tokyo Opera City Art Gallery, Tokyo (Chiko & Toko Project), *Girl, girl, girl*

2002
De toren van Babel, Pand Paulus, Schiedam, *Air Bag*
Fonds BKVB, Las Palmas, Rotterdam (Chiko & Toko Project), *Commitment*
MIT list visual art center, Boston, *Telejourneys*

2001
Kyoto Art Center, Kyoto, *KYOTO*AMSTER-DAM-New Directions*
Yokohama Civic Art Gallery, Yokohama, *Artist Today 2001, Articulate Voice*

2000
Stedelijk Museum, Amsterdam (Chiko & Toko Project), *For Real*
De Paviljoens, Almere (Chiko & Toko Project), *Ideas for Living-part 2*
Ludwig Forum Museum, Aachen, *Continental Shift*

1999
Stedelijk mode museum and Provinciaal centrum voor beeldende kunsten, Begijnhof, Hasselt, *In de ban van de ring*
Galerie Micheline Szwajcer, Antwerp (Chiko & Toko Project), *Ideas for Living*
Fonds BKVB, Amsterdam, (Chiko & Toko Project), *De Toekomst Die Ons Toekomt*

1998
Rijksakademie van beeldende kunsten, Amsterdam, *Open Ateliers*
16th World Wide Video Festival, Melkweg, Amsterdam
Not strictly private, shed im eisenwerk, Frauenfeld

### Publication (selection of 1999 – 2003)

2003
*Het Parool*

2002
*NRC Handelsblad*, Lien Heyting
*Rotterdams Dagblad*, Danielle Hermans
*MR*, Tokyo, Gustaff Beumer

2001
*BT*, Tokyo, Tomohiro Nishimura
*A-Prior*, Art book, as a Project of international kids
*Magazine"88"*, Bruxelles, (Chiko & Toko Project)

2000
*De Telegraaf*, Casper van der Kruit (Chiko & Toko Project)
*NRC Handelsblad*, Sandra Heerma van Voss (Chiko & Toko Project)
*Amsterdam Stadsblad Centrum* (Chiko & Toko Project)
*De Volkskrant*, Anne van Driel
*Intercommunication*, Tokyo, Kentaro Ichihara
*BT*, Tokyo, Kentaro Ichihara
*Tokion*, Tokyo, (Chiko & Toko Project), Richard Cameron

1999
*Het Parool*, Erik Hagoort
*New*, Cor Hospes
*Metropolis M*, (Chiko & Toko Project), Richard Cameron

## Commission

2001-2003
Community centre Odin, Utrecht, *Living & Growing*, (Chiko & Toko Project)

## Collection

1999
The Watari museum of contemporary art, Tokyo, *Dutch wife as a seasons gift, 1997*

1998
Rijksakademie van beeldende kunsten, Amsterdam, *Special pattern Tomoko Take type Dutch wife, No.0011, 1997*

## Organisatie Organization
## Prix de Rome

Rijksakademie van beeldende kunsten

Directeur en juryvoorzitter President and
chairman of the juries
prof. drs. Janwillem Schrofer

Hoofd head Prix de Rome
Mira Kho

Coördinator Co-ordinator
Bernie Deekens

Sarphatistraat 470
1018 GW Amsterdam
The Netherlands
prix@prixderome
www.prixderome.nl

## Prix de Rome deelnemers danken Participants would like to thank

Ryan Gander dankt would like to thank:
James Beckett, Robbert Jan Blekemolen,
Sara De Bondt, Chris Coop, Gert Jan
Forrer, Ernö Goldfinger, goodwill, Josef
Hartwig, Wim Janssen, Pieter Lammers,
Kees Reedijk, Richard Sapper and Marco
Zanuso for their help and support during
the realisation of the work.

Erik Olofsen dankt would like to thank:
Aam Solleveld, Pablo Pinkus, Teske
Clijsen, Roma Pas, Asea IRB-L6, Kees
Reedijk, Wim Janssen, Stephan Kuderna,
Bernie Deekens, Mira Kho, Mathilde
Heyns, Scutos College Utrecht.

Helmut Dick dankt would like to thank:
Stephan Kuderna, Kees Reedijk, Arend
Nijkamp, Robbert Jan Blekemolen, Pieter
Lammers and Peter Snijders for technical
advise and help.
Ruben Bellinkx, Florian Göttke and
Robbrecht den Engelse for videorecording
and documentation.
Gert Jan van Rooij for photography
Yvonne Scheffler and Stephen Wilson for
general support.

Folkert de Jong dankt would like to
thank: Delphine Courtillot en/and
Charlotte Schleiffert.

James Beckett dankt would like to thank:
Vinken en Van Kampen, Wim, Kees, Pieter,
Ugander, Stephan, Mark, Anna, Micheal,
Arent, Robbert Jan, Bernie and Mira,
Marijn and Mr Korff de Gidts, Misi and
Karen, Janet – De Jaaren, EnergeticA
Museum Amsterdam, RENA ELECTRONICA,
Mary – Albert Heijn, Nicky Lemmins,
APCOA Parking Nederland BV, Bob
Witteman – De Volkskrant, Dr. Diemer de
Vries, Prof. Dr. Pieter Jan Stallen, Prof.
Wouter A. Dreschler.

Katrin Korfmann dankt would like to thank:
Schiphol Group – Chris Vonk and Rene
Kerkhoven, Blondes by Umbrella – Lada
Hrsak, Art Affairs – Antoinette de
Stigter, Glavernet Nederland – Joop de
Jongh and Ten Wolde, Sara Blokland,
Remko Bruggink, Beemer Glas – Fred
Beemer, Anthony Sgard, Ditroph Segers,
Ewert Hilgemann, Lien, Yveta en
Dominyke Swanenberg, Margrit Korfmann,
Rebecca Sakoun, Monali Meher, Corriette
Schoenaerts and Jens Pfeifer.

Natasja Boezem bedankt would like to thank:
Maria-Rosa & Marinus Boezem, Frank
Stassar, Paul Faassen, Marjolijn van
Beeck, Esther Bruggink, Oda den Boer,
Hanneke de Boer, Robbert Jan Blekemolen,
Kees van Reedijk, Ineke Bakker, Tessa

Joosse, Francesca Curcio, Jos Houweling,
Guus Angeneind, Zoranet, mevr. Bootz,
dhr & mevr Schrooten, Nail Kolet, dhr &
mevr van Vliet, Bernie Deekens, Mira
Kho, Michiel de Wit, Alexandra Rouppe
van der Voort, Pieter Lammers, Dik Groot,
Fokke van Saane geluidstechniek,
Kunstdrukkerij Mercurius, Imagezero.
Dit project is mede mogelijk gemaakt
door This project is made possible by:
Audiotex Nederland, Fonds BKVB.

Tomoko Take dankt would like to thank:
The live performance of homelesshome
project is a collaboration with: Stichting
Z, Stichting Voila / PUK, Makom / Makom
art club, Koen Vollaers, Marlein Overakker,
Andrea Sossi, Francesca Fasiolo, Inkahootz
Homelesshome project sponsored by:
Fonds BKVB, Prix de Rome, Rijksakademie
van beeldende kunsten, Chocolate cakes
by Taart van m'n tante (Simon de Jong).
Video camera: Ivo van Stiphout (StationS),
Joost Jansen, Michel Groenendijk, Photo:
Peter Cox, Music: Mr. & Mrs. Cameron
Special thanks: Joost Deelman, Wineke
Gartz, Keiko Shibata, Ayako Yoshimura,
Kyoko Inatome, Kuriki Mari, Yuko Kotera,
Elske Neus, Arlette Muschter, Angelique
de Lange, Anneke de Goede, Cafe Bern,
David Veldhoen, Alexander van Slobbe,
Tentverhuur DE OPERA (Willem Hol), MDHG,
De Kloof, World printing service,
Restaurant-cafe in de Waag, Patrick Faas,
inter@ctief.

## Colofon Colophon

Teksten Texts
Ina Boiten
Ken Lum
Domeniek Ruyters

Redactie Edited by
Bernie Deekens
Mira Kho (eindredactie)
Janwillem Schrofer
Barbara Murray

Fotografie Photography
Jannes Linders
(72-83, 90↑, 91↑, 92, 96-101, 108↓, 110,
114, 115, 125, 132, 133)
Bernie Deekens, Mira Kho (144-166)
Joost Grootens (omslag cover)
De kunstenaars the artists
Anders, dan vermeld bij foto

Vertaling Translation
Holden Translations & Texts (Nederlands naar
Engels)
Gasille vertalingen, Dordrecht (Engels naar
Nederlands)

Ontwerp Design
Joost Grootens

Druk Printed by
Lecturis, Eindhoven

©2003 Prix de Rome, Uitgeverij 010 Publishers
www.010publishers.nl

ISBN 90-6450-491-1

## Met dank aan Acknowledgements

Ministerie van OCenW Ministery of Education,
Culture and Science
Alle kunstenaars en medewerkers van de
Rijksakademie All artists and staff members of
the Rijksakademie
De juryleden Members of the jury
Pinque Bueters, Niki Mens

## Tentoonstelling Exhibition

GEM, museum voor actuele kunst
Den Haag
www.gem-online.nl
4.7 – 21.9.2003